無印良品と
365日

本多さおり

大和書房

はじめに

自分探しに迷走していた20代前半、見かねた恩人からこんな言葉を頂きました。

「自分なんて探さなくてもそこにあるはず。好きなことっていつも勝手にやっていることでしょう？」

　この言葉なしに今の自分はなかったと思うほど、進むべき道へと導き、どう生きるかのヒントになった尊いメッセージでした。

　私が勝手にやっていることと言えば、「収納の見直し」の次に「無印良品に行く」が入ります。高校1年生のとき、実家の近くにできた商業施設に無印良品がやってきて、一気に身近なお店になったのでした。

　学生だったため、最初に惹かれたのは文房具。余計な要素が足されていないから、自分の好きなようにカスタマイズできるのが楽しかった。そして使えば使うほど、デザインされていないようで、実はとてもよく考えられてつくられていることを実感できました。

　だって何しろ、使いやすい。置いておきやすい。シンプルで、必要十分。だから使いにくい装飾のついたものは手に取らなくなり、使いやすい無印良品のものばかりを使うように。よく使うものには自然と愛着がわいて大

事にするし、リピートするようになりました。どんなものであっても、この好循環が生まれる持ち物は理想像だと思います。

無印良品の文房具から暮らしのものへと視野を広げていく中で気づいたのは、「何を選んでも生活になじむ安心感がある」ということです。商品は多種多様だけれど、どれも同じ哲学を持った人に生み出された作品のよう。この高揚感と安心感を味わいたくて、自然と足が向いてしまうのだと思います。1週間も行けないとなると、イライラしてくるほど。重症ですね。私にとっては心を鎮める神社仏閣と同等であり、パワースポットといって過言ではないのです。

一般的にはかわいくておしゃれな雑貨に惹かれるような年のころから、一直線に無印良品に飛び込み続けてはや24年。干支2周のあいだ、一度も浮気することなく本命は無印良品であり続けました。どの年代のときも、「今のあなたの生活に」「どんな部屋にも寄り添います」と腕を広げてそこにある無印良品の存在に、どれほど救われてきたことでしょう。

店舗にいるときの私は喜びにあふれ、「わ、なにこれ新しい！」「これは買いだな〜」などとブツブツ声をもらしています。ひとりだというのに。マスク生活になってからは、このひとりごとが目立たなくなるので大変助かっていました。最近はマスクをしていないこともあるのですが、つい「最高……」などと口走ってはハッとしています。店員さんと間違われたことが複数回あるのが自慢な私にとって、不審人物に見られるのは避けたい事態。

オンライン収納相談室でも、無印良品の商品に対するレーダーは健在です。画面越しにお客さまの部屋を見て、「それは無印良品の棚ですよね？」「ということは、あちらの部屋にあった無印良品のボックスがちょうど3つ並びますね」と遠隔でご提案。お客さまとしては、見逃すことなく当ててくるオタクとしてドン引きされているかもしれませんが、ほかのおうちで無印良品がどう使われているかを見たり、より便利に使えるよう提案したりできることがたまらない喜びでもあるのです。

当然、こんな私の暮らしの土台は無印良品です。引っ越して家が変わったときも、家族が増えても、子どもが成長して持ち物が更新されても、無印良品の自在性が「望む状態」を叶えてくれました。

子どものパジャマ入れだった引き出しは、コロナ禍に始めた夫の趣味の釣り具入れに。おもちゃ入れだったやわらかポリエチレンケースは、脱衣かごに転身したものもあれば、バケツとして活躍するものも。やわらかマルチクッションは、平日にはパソコン仕事の背中を優しく包み、休日には子どもたちの休息のおともです。

無印良品がいったいどれだけ暮らしを支えてくれているのか、一度棚卸をして全貌をまじまじと見てみたいと思いました。そして、なぜこれほどまでに惹かれるのかを、言語化したいと思いました。この本の制作は、いわば私の推し活です。推しのよさを広めたくて仕方のない、オタクの暴走です。

無印良品のものづくりと、感じのよい暮らしの提案にリスペクトを込めて。本書が誰かの暮らしをより楽しく、自在に彩るヒントになれたなら、こんなに嬉しいことはありません。

いざ推しのもとへ……

1

朝活はじめました

Morning activities have begun!

子どもの入学とともに生活のリズムが変わり、
やるべきことができないまま寝落ちしてしまう日が増えました。
そこで、夜は子どもと早寝をして、
朝の早起きで自分時間を持つことに。
そんな新たな生活を、無印良品のものが
大いにサポートしてくれています。

家族が起きる前の1〜2時間は、とっておきの自由時間です。友だちへメッセージを送ったり、やりたい家事を先行してやることもあれば、急ぎの仕事に取り掛かることも。したいことにすぐ取り掛かれるよう、起きたあとの動線は、無駄がないよう改良を重ねています。

おはよう と 身づくろい

目覚まし時計はじめました

就寝中はスマホを遠くに置きたいと思い、目覚まし時計を買いました。夜中に時間を見たいことがあるので、ライト付きです。実は以前他メーカーの文字が発光する時計を買ったのですが、どうもデザインがなじまず……ここに戻ってまいりました。

朝の動線

わがやは部屋と家事動線がぐるりとつながった、回遊できる間取りです。起きたら、寝室から玄関を通ってトイレへ。洗面台で歯を磨いて洗顔し、振り返ってスキンケア。足を冷えと疲れから守ってくれる、クッションスリッパがおともです。

無印良品の時計はプレゼントにも喜ばれます。親世代には文字が見やすい「アナログ時計・大」。海外へ行く人にはマグネット付きの「駅の時計・ミニ」。

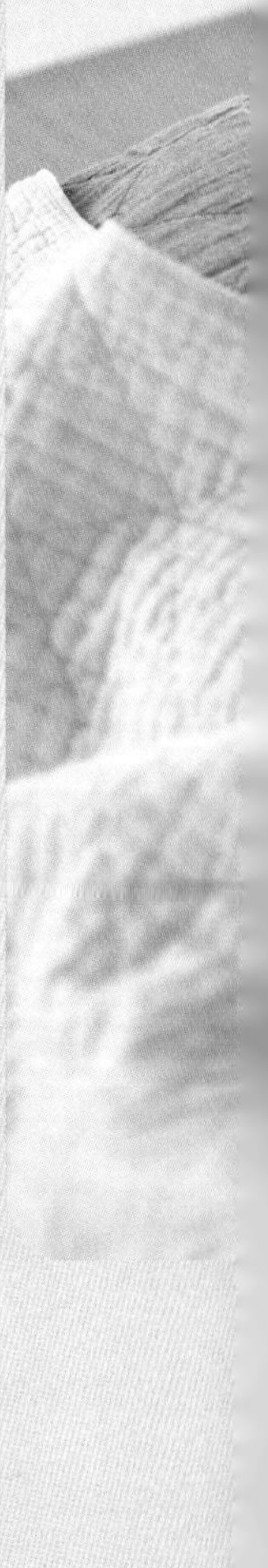

目覚めの歯磨きと洗顔

最近、朝起きたらまず歯を磨くように習慣を変えました。お口スッキリで朝が始まる爽快感。ターバンをつけて洗顔し、ミニタオルで顔を拭いたら、ついでにそのあたりに散った水気も取ります。ミニタオルはひとり1枚、使ったら洗濯カゴにポイ。

スキンケア

洗顔が面倒なときは、ふき取り化粧水だけで済ませることもあります。顔をぬぐいつつ保湿もされているお得感。ポンプヘッドはコットンを押し付けるだけで化粧水に浸せるのでラク。このラクさが「したいこと」をサボらずさせてくれます。

•MUJI's items•

アナログ目覚まし時計、洗えるクッションスリッパ、竹材 編みかご、残反ミニタオルセット 厚手（5枚組）＊不定期で販売、パイルヘアターバン 細、ポンプヘッド・コットン専用

きちんと収納

昼間はジャマにならないよう、可動棚とケースの隙間にイン。

毎朝体重を測る習慣を

ダイエット中の今。普段はケースの上にのせている体重計を、夜寝る前に床に置いておきます。こうすれば、朝の寝ぼけ眼でも自然と乗ることができるから。夜〜朝は出しっぱなしな体重計、シンプルで可愛いフォルムがありがたい。

5:10

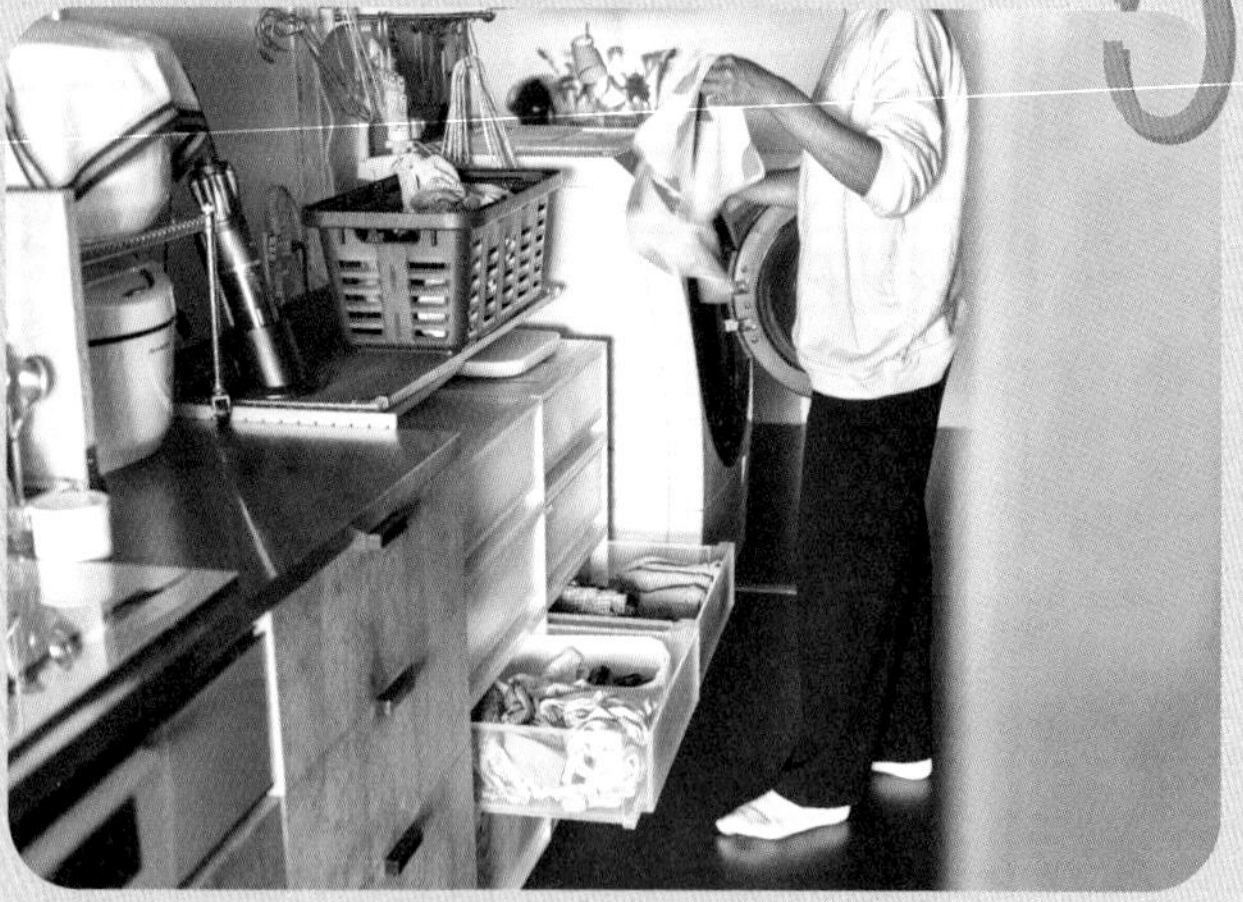

洗濯ものを片付ける

•MUJI's items•

ヘルスメーター、
ポリプロピレンクローゼットケース・引出式・小

体重計に乗らずに過ごし、ある日病院で計測すると想像の＋4キロ。大ショックからダイエットを決意。朝活をして夜食が減るのが一番効く気がします。

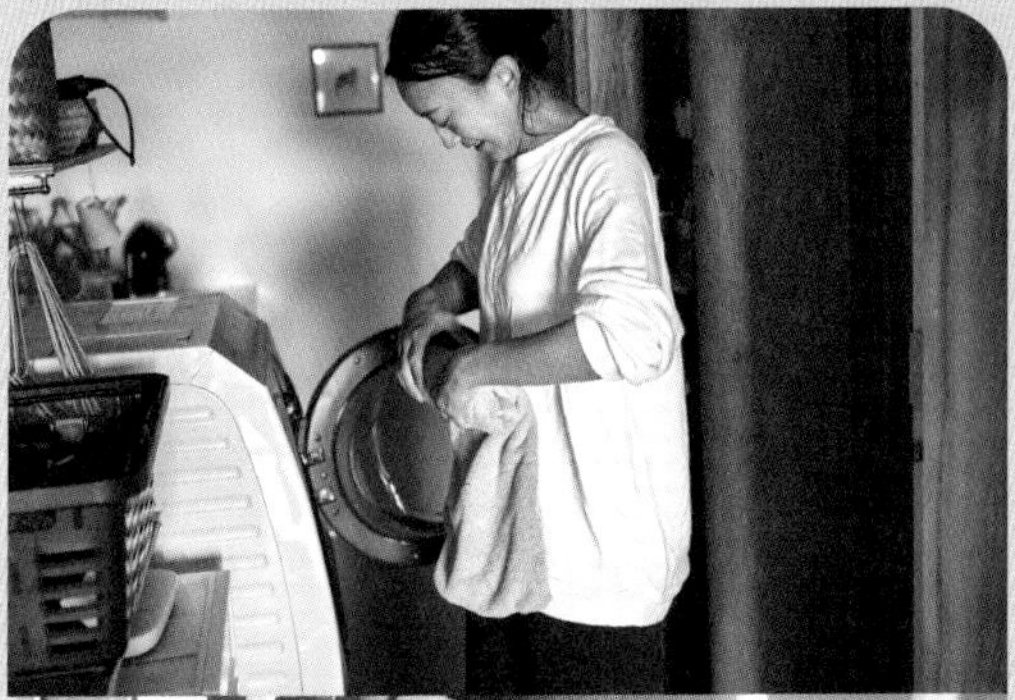

洗濯ものをしまう動線

乾燥機に入れたタオルや下着類と、部屋干ししていたハンガー掛けのトップスを収納へ戻します。トップスはハンガーにかかったまま家族のクローゼットへ、残りはその場で畳んで、その場にある収納ケースへ。

タオルは丸めて

タオルはオープン棚にクルクル丸めて収納。しっかりとした塊にすると出し入れがラクに。

ささっと
保育園の用意も

タオルや下着をその場で畳んで収納していく流れで、保育園に持って行く着替えやタオルも用意します。その場に登園用巾着も収納しているので、動く必要なく「洗濯もの片付け」「登園準備」が完了。

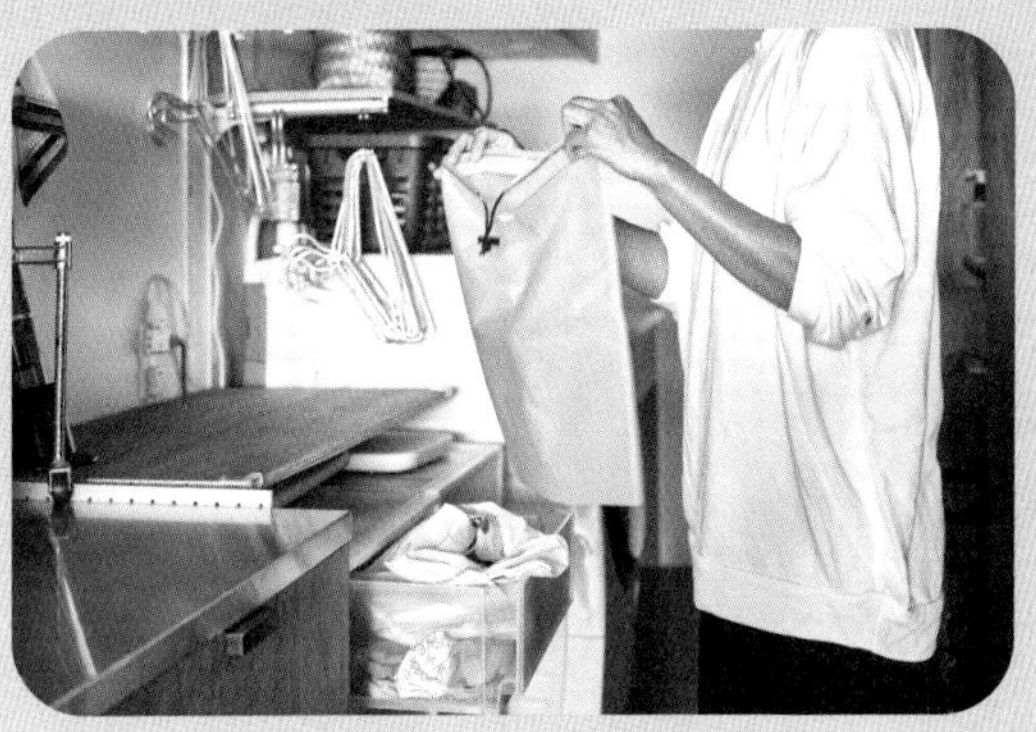

•MUJI's items•

パイル織りその次がある薄手スモールバスタオル、
TPU巾着、アルミ洗濯ハンガー

部屋の空気を入れ替える

5:25

障子を開ける

家事動線兼廊下を抜けたら、ダイニングへ。障子を開けて光を入れ、窓を開けて風を入れます。冬はまだ暗いので、お日様が出てきてから。

サーキュレーター、エアコンをオン

冬なら暖房の温かい空気、夏なら冷房の涼しい空気も効率的に部屋に回します。“気のいい部屋”って、空気の流れのよい部屋だと思っています。サーキュレーターを使ったときの効率のよさは、体感でわかるほど。

水分補給

ダイニングに置いたウォーターサーバーから、水もしくは白湯を飲みます。水分補給も流れに組み込めば忘れない。健康と美容に大切な一杯です。

•MUJI's items•

サーキュレーター（サーキュレーター〈低騒音ファン・大風量タイプ〉は廃番。
現行は「お手入れがしやすい首振りサーキュレーター 18畳」）、
強化ガラス ボデガ

キッチンを片付ける

5:30

食洗機の中を片付ける

朝食をつくる夫のために、食洗機の中の乾いた食器を収納内に戻しておきます。すると、「あの皿どこにあるかな？」の時間ロスを防ぐことに。食器の定位置は、食洗機から一歩も動くことなく戻せるところ。

水切りかごの中を片付ける

朝食の後片付けは私の仕事。水切りかごを空にしておくことで、朝食で使った食洗機には入れられないもの（トレイやコーヒーサーバーなど）をサッと水洗いして伏せることができます。「すぐ洗いたいのに洗えない」のような家事の玉突き事故を起こしたくない。この時間の作業は後始末のようで、スタート準備です。

水切りネットを交換する

目の細かさがほどよい。以前使っていた他メーカーのものもよかったのですが、フチに鮮やかな色が……。無印良品のはすべてが白くて爽やか。多い日は2回替えるので、シンク脇のかごに出しっぱなし収納です。

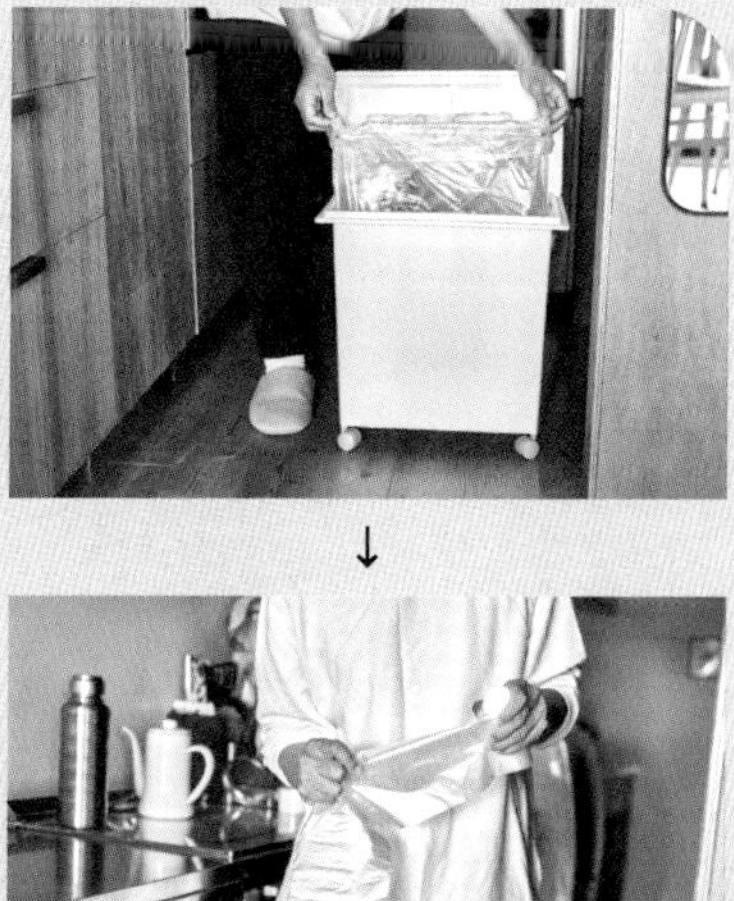

↖ ↓

ごみをまとめる

同じごみ箱を3つ並べて、ひとつはプラスチックごみ、ひとつは資源ごみ、ひとつはプロテインや米収納に使っています。用途に合わせてフタを選べて、スリムだから狭い隙間にも入れ込める。ごみ箱の底にごみ袋をストックしているので、捨てるときにはその場で新しい袋をセットできます。マチがあって扱いやすい。

•MUJI's items•

浅型水切りネット ストッキングタイプ、ポリプロピレン フタが選べるダストボックス・小、ポリプロピレン フタが選べるダストボックス用フタ、ごみ袋 20L用

ヨーグルトづくりと水やり

5:40

毎朝のヨーグルトづくり

家族で毎日どんどん消費するヨーグルト。買ってくるのが大変で、最近ヨーグルトメーカーで自作するようになりました。1リットルの牛乳に飲むヨーグルトを1本入れてメーカーにセットするだけ。7時間後に完成です。

水やりが「だいたい」でも強く育ってくれる植物が生き残ります。生き残った者には愛着が増し、水やりもこまめに。良い循環なのです。

植物に水やり

2日に1度ほど、室内の観葉植物に水をやります。スプレーボトルで、葉水もたっぷり。ボトルをしまいこんでしまうとサボるので、出しっぱなしにしておけるシンプルなルックスがありがたい。台布巾にしているセルロースシートで水分を受けながら。

•MUJI's items•

ポリボトル・スプレー付・ミニ、セルロースシート・3枚組

ヨーグルトを盛り付ける

動いているうちに小腹がすいてくるので、夫の朝ごはん準備の前に私がヨーグルトだけ盛り付け、自分だけフライングして食べます。トッピングは、家族の好みに合わせて。私はきなこ、ドライフルーツ、ナッツ、はちみつ、玄米フレークが定番。無印良品のナッツは塩や油を使っていないのがよい。

5:45

朝のヨーグルト

•MUJI's items•

ドライフルーツミックス、素のままミックスナッツ

5:50

今日やることを書き出す

ヨーグルトを食べながら仕事

ダイニングテーブルで、その日のTODOリストを作成。無印良品のチェックリストは長年愛用していて、やることや買うものをとにかく羅列していくうちに、頭が整理されていきます。用事を済ませて消していくときの達成感たるや！ 書くときのコツは、細かく記すこと。例えば、「会議」ではなく→「ズーム設定」「アドレス送信」「会議」といった具合。うっかり忘れを防ぎ、チェックの数が多くなれば達成感も増します。ほか、メールの返信や資料作成をすることも。先ほど盛り付けたヨーグルトで小腹を満たしながら。

•MUJI's items•

短冊型メモ　チェックリスト

6:00

お茶を飲む

朝のお茶

ウォーターサーバーのお湯とティーバッグで、手軽にお茶を。サッと取れるよう、お茶の定位置はキッチンのオープン棚です。「黒豆＆ルイボス」の滋味深いお味で、ホッとひと息。「ほうじ茶」もお気に入りです。

6:15

連絡帳の確認

子どもの連絡帳のハンコを押す

ワークスペースで子どもたちの連絡帳を確認。なんだかんだと捺印することも多いので、印鑑は目の前の可動棚に歯ブラシスタンドで立てて。ワンアクションでパッと取れれば、「この捺印必要……？」のモヤモヤも沈静化。ピンポイントな定位置管理で、「どこだっけ」とは無縁です。

•MUJI's items•

穀物のお茶 黒豆＆ルイボス、
白磁歯ブラシスタンド 1本用

乾燥する冬は、いつもリップクリームを探しがち。見つからないと諦めてはカサカサになっていたのが、歯ブラシスタンドで立てるようにしたら解決！

6:20

ササッとメイク

時短を叶える

じっと同じ場所にいるのが苦手なたちで、メイクも時間をかけてじっくりできません。ベースメイクは、ずっと無印良品のBBクリーム一筋。毛穴を適度にカバーしてくれて、塗り心地も軽やかです。スポンジでポンポンと塗れば手を洗う必要もなく、ベースメイクがサッと終わって時短です。

子どもを起こす

6:30

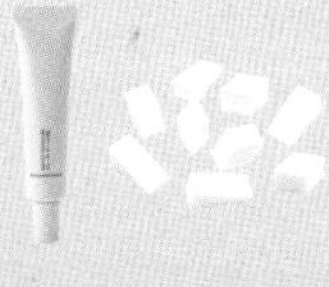

•MUJI's items•

BBクリーム・オークル、メイクアップスポンジ

朝の時間がくれたもの

子どもの提出物作成、ラインの返信──なかなか手がつけられず溜まってゆく雑事。今日も終わらないまま寝落ちしてしまった……。そんなことが重なると、「私には時間がない！」とわめきたいような気持ちになります。

そこで、自分の時間を子どもの寝たあとではなく、起きる前にとることにしました。「起きるのをがんばらなきゃ」と思うあまりに早起きが続かなかった過去もあったのですが、「自由な時間が得られる」と考えるといそいそ早寝をするように。

実際に早起きして活動してみると、疲れていない体で・静けさに包まれた環境で・1日の始まりの新鮮な気持ちで・したいことに集中して取り組める、最高の時間帯だとわかりました。今や、

なくてはならない尊い時間。

家事、雑事、仕事、ときに楽しい買い物や旅のための調べ物。TODOリストをつくりながら、「仕事を深めるためにこういうこともしてみたい」と、普段の忙しさの中では思いもしないようなことを考えられたり。

朝時間を有意義にすごせることで、午前中の仕事時間にゆとりも生まれました。心は穏やかで、「朝からはかどった！」と自己肯定感も満ちている。

もちろん、疲れているときは朝活を休んでたっぷりと寝ます。数日十分な睡眠をとると、自然とまた早起きできるようになっている。1日の中に濃度のある時間が生み出せただけでなく、必要な睡眠をしっかりとれるようになったというよさも感じています。

2

無印良品の名品12選

12 famous MUJI products

「これぞ無印良品!」な名品をご紹介。
私にとっての「なくてはならない」ものたち代表です。
好みや環境によって、名品は人それぞれきっと違うはず。
みなさんが挙げるとすれば、
どんなラインナップになるのでしょうか?
この談義、夜通しでもできそうです。

HONDA'S MUJI ITEM AWARD No.1

「転がせる」は正義で賞

キャスター

“これにも、これにも、これにもつけられるって知ってた？”

床に置くものには、できるだけキャスターをつけるようにしています。軽い力で転がせれば、掃除の手が届きやすくなるから。部屋のすみまでマメに手を入れられている部屋は、ホコリが溜まらず流れる空気が違います。このキャスターは、無印良品の床置きされがちなものさまざまにつけられるようになっています。もう、その時点で「わかってくれている……!!」という圧倒的感動が。

たとえばごみ箱につけられる。ごみ箱なんて手で持ってどかせるんです。でも、もしキャスターがなければどかさないんです。指一本で動かせない、つかんで持ち上げなければならない、というそれだけで。面倒度合いが少しでも上がれば、人は動無印良品の引き出しやごみ箱が家にある人は多い。けれどもこのキャスターの存在は案外知られていません。布教していきたい！

右：夫の釣り具を収めた玄関土間の引出しに。奥に砂ぼこりを溜めないためのキャスター。
左：キッチンのダストボックス（奥はストック収納）に。引き出さなくても捨てられるフタですが、キャスターをつけることでごみ袋交換や掃除をラクにさせてくれます。

かなくなる生き物だから。
　先日、収納相談のお客様に、ウォークインクローゼット内の引き出しにこのキャスターをつけるようご提案しました。すると「すぐ手前に引き出せる」という安心感が生まれたことで、それまでただ空いていた奥にも積極的に物を入れられるようになったと教えてくれました。結果、外にあふれていたものをクローゼット内に収納できるようになったそうです。
　ダストボックス、引き出しのほかファイルボックスや収納ラックにも取り付け可能。「ラクに動かせる」がどれだけ生活の質を上げてくれるか。もう、配って歩きたいくらい大好きなキャスターです。

•MUJI's items•

ポリプロピレン収納ケース用キャスター

HONDA'S MUJI ITEM AWARD
No.2
ベランダの景色を変えたで賞

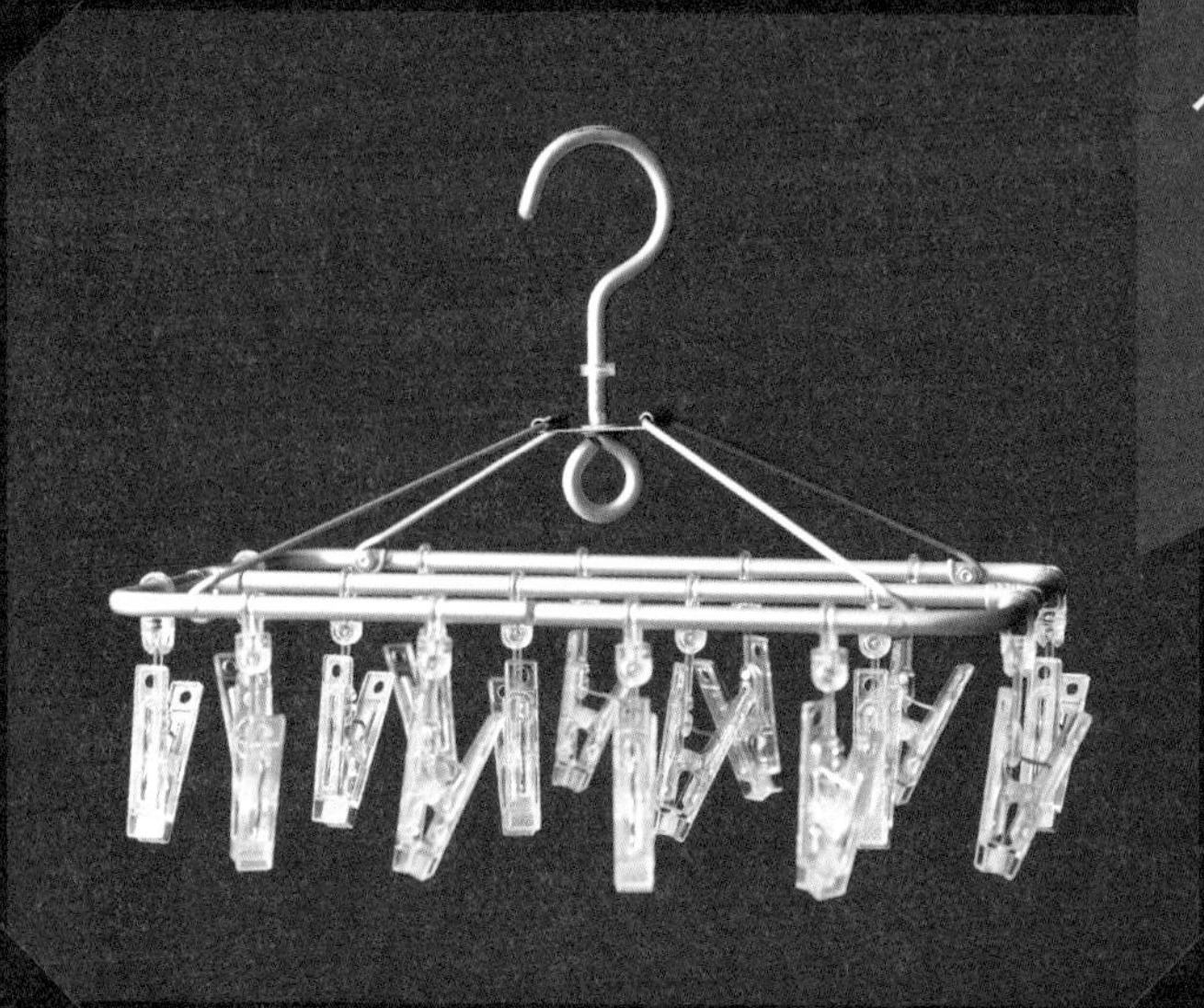

洗濯ピンチハンガー

“ 洗濯物すら愛でさせてくれるアイテムの力 ”

素敵なお部屋にお住まいの友人宅を初めて訪れた際、マンションの外側からベランダを見た時点でどの部屋だかわかりました。無印良品の洗濯用品できれいに揃えられていたのです。

アルミの実直なシルバーと、ポリカーボネートの清潔感ある半透明。そのコンビネーションに支えられてそよぐ洗濯物の、なんと感じのよい画なことか。

わがやももちろん、洗濯用品のすべてが無印良品ですとも。ハンガー同士が当たって奏でるシャランの音色も涼やか。丈夫で軽く、扱いやすさもピカイチです。室内干しをしていても、洗濯物の生活感を半減させてくれていると感じます。

無印良品がハンガーを売り始める2000年以前（紀元前と呼びたいくらい）の日本のベランダは、プラスチックの青が多かったように思います。実家で使われていた色とりどりの洗濯ばさみ、ハンガー、ピンチ。古びてくるとピンチが欠けて、代用品の違う色のものが紐でさげられ、特有のにおいもしてきて、「なんだかな〜」という記憶が残っています。

　幸い自分が結婚をして家庭を持った時代には、無印良品のハンガーが存在してくれました。その際に購入して以来、浮気することなく一筋。実家にもプレゼントしたところ、母は徐々にほかの洗濯用品も無印良品でそろえていきました。「そろってこその美」を実感させてくれます。

•MUJI's items•

アルミ角型ハンガー（※旧型）

HONDA'S MUJI ITEM AWARD
No.3
サイズが豊富で助かるで賞

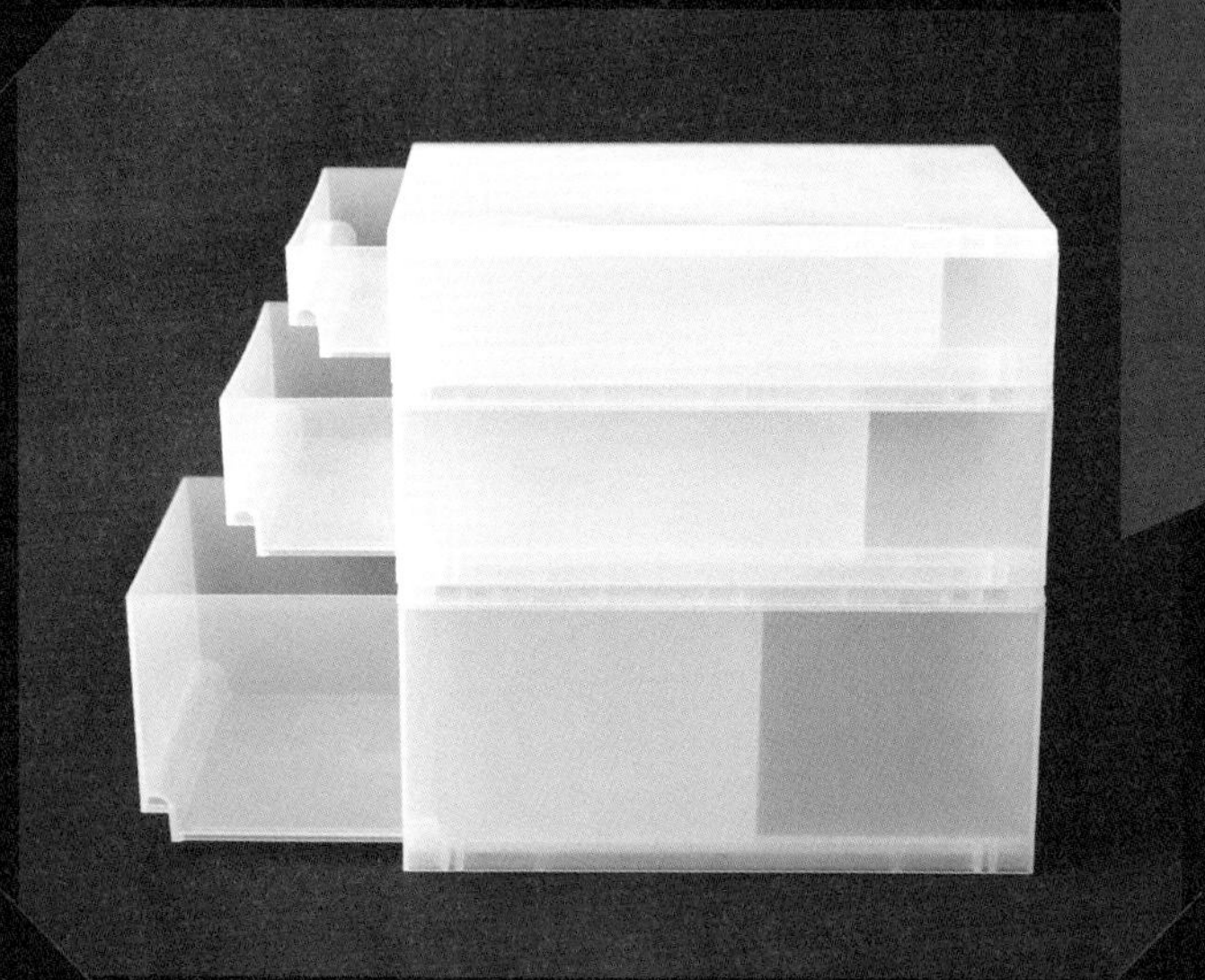

引出

"あらゆる生活雑貨に対応する気概がすごい"

世に小物用の引き出しは数あれど、こうしてひとつずつ売って「好きなように組み合わせてね」と最初に言い出したのは無印良品なのではないでしょうか。入れるものや使う場所によって、サイズや個数を選べるありがたみといったら！

引き出しのよさは、指一本でものを一気に自分の方に引き寄せられること。片手だけで、ものを取れること。数階建てでスペースを有効活用できること。そして無印良品の引き出しのよさは、種類の多さゆえ小物用でも深さを選べるところ。深ければ、形がまちまちなもの、不定形なものをガサッと入れられて、使い方がさらに広がります。そして、角がしっかりとあるシンプルなデザイン私の推しは「ポリプロピレンケース・引出式・深型」。とにかく万能。子どものパジャマ入れから夫の釣り具入れにと、家中あちこち休む暇なくひっぱりだこ！

上：夫の釣り具。細かな針からかさばるリール、それぞれに適した引き出しで分類収納。
下：「仕切付」は仕切板で中が区切れます。電池を種類ごとで分けると在庫管理にも役立ちます。

と、素材そのままの色味。透け感が涼しげで、半透明だから内容がうっすらと見えるのも、ものを探しやすくしています。中を完全に隠したい場合は、ホワイトグレーがおすすめ。

　どちらも、どこに置いても雑音にならないデザインだから、どんな場所でも違和感なくなじんでくれます。家じゅうの小物収納の、頼もしい相棒なのです。

　今のわがやでは、主にキッチンで活躍中。「水筒」「保存容器」「薬」「掃除用消耗品」「乾電池」などを分類して収めています。大きな引き出しなら中を仕切るなどの技が必要になりますが、「ひとつの引き出しに、ひとつの種類」とシンプルに収納できるのがよいところです。

•MUJI's items•

ポリプロピレンケース・引出式・薄、浅、深

HONDA'S MUJI ITEM AWARD
No.4
育児を支えたで賞

持ち運びできるあかり

“大変きわまる乳幼児育児の夜をあたたかく照らしてきた灯”

東日本大震災のあったころ、私は無印良品のアルバイト店員でした。震災後、停電すると灯るこのライトを求める人が次々に店舗へとやってきました。子どもが生まれて夜間授乳のための灯りがほしいと考えたときに、パッと頭に浮かんだのがこのライトです。

授乳の助けになったことは言うまでもなく、少し子どもが育った後も毎晩大活躍。夜寝る前にはリビングの電灯を消して、間接照明とこのライトの灯りだけにします。

オルゴールのCDをかけ、「もう寝る時間だよ」と就寝に向けた環境づくり。ライトを持って部屋を移動し、子どもたちを寝床に誘導していました。

布団に入ってからは、お腹の上にライトをのせて絵本を読みます。オルゴールCDは次男が3歳になるくらいでかけなくなりましたが、お腹の上にライトをのせた読み聞かせは7年続いている夜の習慣。

そして寝静まった夜中の寝室で、夫としょっちゅう交わされる「ライト取って」の言葉。子どもがぐずったり、鼻血を出したり、吐いてしまったり、何か様子がおかしいというときにまず発声される一言めがこれです。誰かが感染症にかかってしまったときは、その子を家族から離してこの灯りで見守ります。

まさに、育児の肝心かなめを支え続けている灯りなのでした。

•MUJI's items•

LED持ち運びできるあかり

HONDA'S MUJI ITEM AWARD
No.5
どんなものでも役立つで賞

壁に付けられる家具

“床がダメでも壁がある。ピンポイントで設置できる優しさ”

「ここで使いたいものがある！」というときは、その場に置けたら理想的。なにしろパッと使えるし、すぐに戻せるため散らかることもありません。暮らしのなかで「したい」と思うことを促してくれるような、力を持った頼もしい〝定位置〟になること間違いなしです。ただ、そのたび床に棚を置けばスペースをつぶしてしまいます。まっすぐだった部屋の端がでこぼこになれば掃除がしにくくなり、情報量が一気に増えて部屋が雑然とした印象に。

そんなとき、使いやすい高さの壁面に、ものを置くために必要なだけの面を生み出せたなら……という都合のよい夢のようなことを現実にしてくれたのが、この「壁に付けられ

10数年前、最初のお片付けモニターになってくれた友人宅の悩み「上着が散らかる」を解決したのは「壁に付けられる家具長押」だったなぁ。

生活動線上にスマホステーション。取りやすい高さで、スマホの管理がストレスフリー。

る家具」！　箱型、棚、フックなど、種類も豊富です。わがやでは今、スマホ充電のスペース、枕元のライト、トイレの片隅のアロマポットのため、それぞれに最も適した壁面に「棚」を出現させています。

以前住んでいた家では、ダイニングテーブル横の壁に「箱型」を設置して文具置き場にしていました。仕事や雑事をするテーブルだったので、座ったまま取り戻しできたことが大いに作業をサポート。玄関には「長押《なげし》」を設置して、コートやかばんをかけていました。

石膏ボード用の固定ピンなら、跡も目立たないので賃貸時代にとくに活躍。どんな家でも気軽に、空中を有効活用させてくれます。

•MUJI's items•

壁に付けられる家具シリーズ（＊石膏ボードの壁のみご使用になれます）

HONDA'S MUJI ITEM AWARD
No.6
ただの箱で最強賞

ファイルボックス1/2

“「ファイル」にとどまらず。ただの箱の威力ここにあり”

ファイルボックスは書類整理にとどまらず、さまざまなものを「まとめる」「分類する」「仕切る」「立てる」に大活躍。ハーフサイズはとくに、ものが奥まって取りにくくなることもなく、食材、調味料、おむつ、紙袋、年賀状など細かいものをがっちりホールドしてくれます。洗剤ストックなら液だれ防止になるし、鉄鍋を立てれば油で引き出しを汚さない。まさに万能の、基礎収納用品です。

ぴっちりと四角いので収納内で収まりやすく、隅までものを入れられるのもよいところ。棚に入れて引き出しのように使うこともできます。フタをつければ重ねられるし、フタを底にはめればキャスターをつけて可動式にすることもできます。

最初はダンボールだけだった「ファイルボックス1／2」にポリプロピレン仕様が出たときの感動ったら。誰かと涙の抱擁を交わしたかったくらい。

上：洗濯機上の吊り戸に洗剤類を入れて。クリアの方は中身が見えて在庫がわかりやすい。
下：キッチン調理台下の引出し内で、乾物や調味料を仕切って。大きい収納内を効率的に活用。

「ファイルボックス」とうたっていますが、要は「ただの箱」なんですよね。このシンプルさが、いかようにも使わせてくれる秘訣なのだと思います。

実は、同じ形の「ダンボールファイルボックス」を長年愛用していました。畳めるので常に複数枚ストックし、自宅だけでなく客先にも持って行って大いに利用。廃番になると知ったときはガッカリしましたが、同じモジュールでポリプロピレン素材のものが発売されたのでよかった！　ずっと見守ってきたアイドルが、「ここまでメジャーになって……涙」という気持ちです。畳むことはできませんが、頑丈度は上がって頼もしい限りなのです。

•MUJI's items•

再生ポリプロピレン入りファイルボックス　1／2・スタンダードタイプ／スタンダードワイド ホワイトグレー

HONDA'S MUJI ITEM AWARD
No.7
リノベの後悔をカバーしたで賞

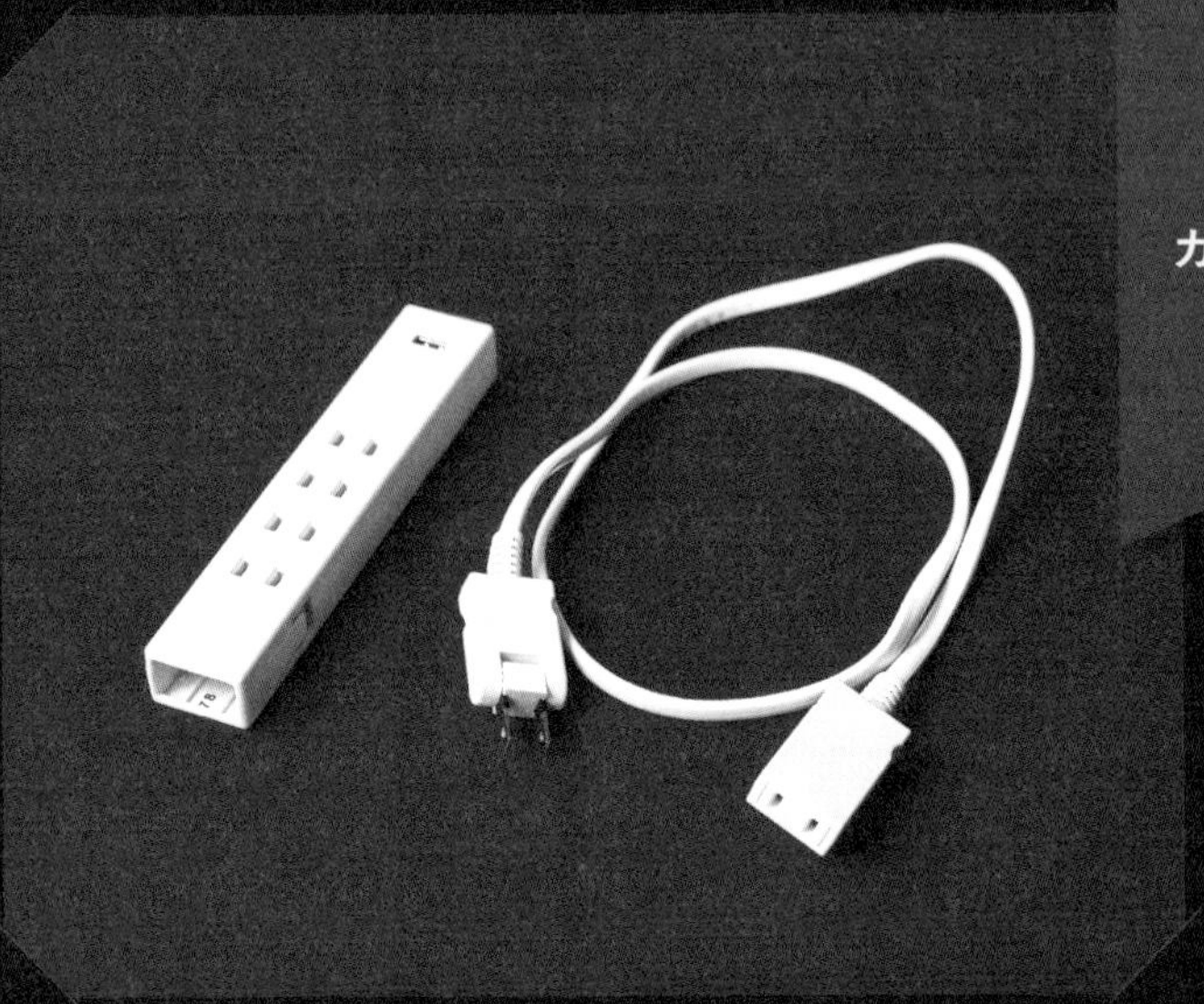

電源タップ

“自在にカスタマイズ！電源基地としてこれ以上ない優秀さ”

たとえば、無印良品ではないサイトやホームセンターで「電源タップ」を探してみてください。何十個と出てきます。スペック、色、デザイン、長さ、挿し口も千差万別。とても「一番適したもの」を見つけられる気がしません。

無印良品でなら、「挿し口がいくつ」「USBがいるか」「コードが何メートル」さえわかっていれば大丈夫。一択です。

なにしろ、コードと先が別売りで1スペック1種類なんですから。それぞれ必要なものを選んで、組み合わせればぴったりニーズ通りのものが買えるのです。それも、白くて、角のシュッとした、どんな部屋ででも静かに佇んでくれるデザイン。か

65㎡のわがやに現在このタップが7つ現役活躍中！「鬼リピ賞」も同時受賞です！　コンセントの不都合はいつもこのタップで解決。

右上：以前販売されていたユニットシェルフ帆立取付パーツで引っ掛けて浮かせています。
左上：キッチンで使用する家電のために、ランドリーエリアからタップを増設。
左下：パソコン、ルンバなどの電源が集結。マグネットで縦につければコードの流れも一定に。

つ、挿し口はちゃんと90度に曲がる気の利いたものが。ばら売りのおかげで、用途が変わったときにほかの部屋の無印良品のコードとタップをトレードすることもできます。リノベの際に調理台のコンセント位置で失敗をしたのですが、このコードで延長したおかげで、かえって便利に使えている気がします。

さらに私は、「コードを床や板に寝かせない」を信条としているので、マグネットパーツがあることにも感動。スチールデスクやワゴン、冷蔵庫側面やブックエンドに貼り付けられるため寝かせずに済み、タップや床面にホコリが積もりません。もう、開発した方とハイタッチしたい心境なのです。

•MUJI's items•

ジョイントタップ・ロック付、延長コード

HONDA'S MUJIITEM AWARD
No.8
キッチンの必需品で賞

セルロースシート

“ ステンレスが拭きすじなくぴっかぴか！ ”

台ふきんにはずっと「落ちワタ混ふきん」を使っていました。ところが今の家に引っ越してきてステンレスの調理台を拭いてみると、拭きすじが残ってしまいさっぱりとしない。試しにセルロースシートを使ってみたところ、きれいに拭けて、すがすがしい！ 絞るときもキュッと気持ちがいいのです。

少しクッション性があるので、柔らかくて拭き心地も気に入っています。マイクロファイバーのように汚れ落ちがよく、ＩＨもスッキリきれいになります。子どもが何かをこぼしたときは、その吸水力のよさに助けられます。液体の広がる現場に投げれば、みるみる吸い込まれていくお茶やら、牛乳やら。

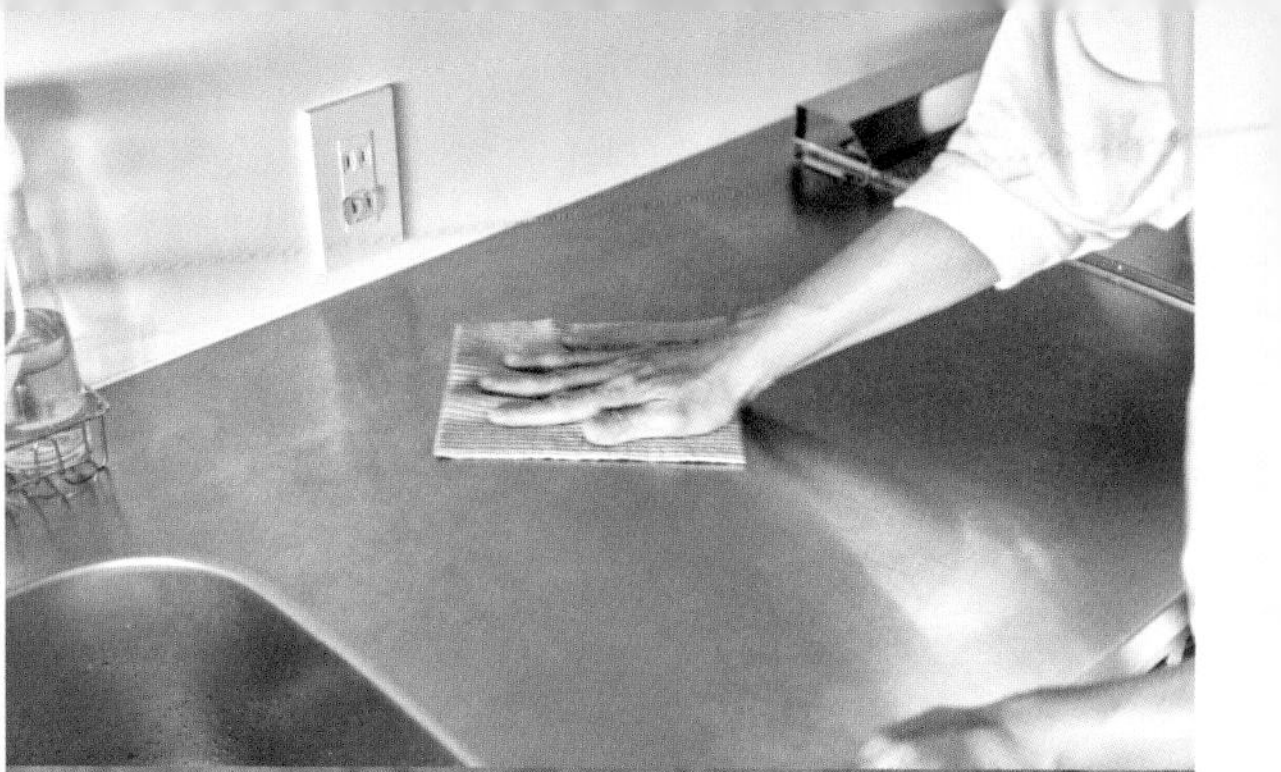

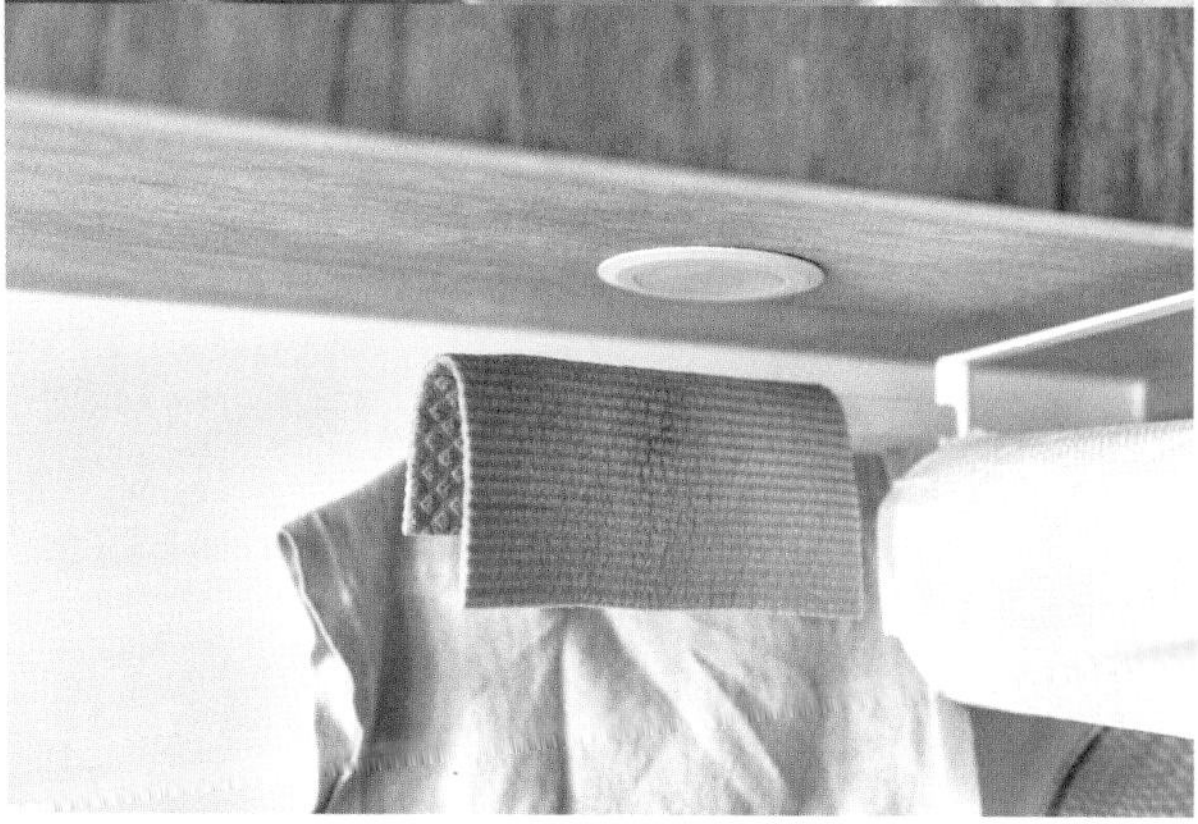

すぐに乾いて、清潔キープ。ステンレスの調理台と
親和性の高いグレーがうれしい。

野田琺瑯の持ち手付きストッカーで、過炭酸ナトリウムを入れたお湯でつけおきして除菌することも。

また、お手入れのしやすさもありがたいところ。意外や煮沸ができて、干せば乾くのが早く、丈夫で長持ち。落ち着いたグレーなので、干しているときや調理台に置きっぱなしになっているさまも目にうるさくありません。

いつも昼間は、調理台に2枚を出しっぱなしにしています。夜か朝に消毒をして、棚につけたバーで乾かす流れ。ボロボロになったら4分の1ほどに切って、ウエスに。だいたい月に1度新しいものに変えるので、ストックを常備しています。

あらゆる面で使い心地がよすぎて、これがなかったらもう、台を何で拭いていいかわかりません。

•MUJI's items•

セルロースシート

HONDA'S MUJI ITEM AWARD
No.9
家じゅうで最も数多く活躍している箱で賞

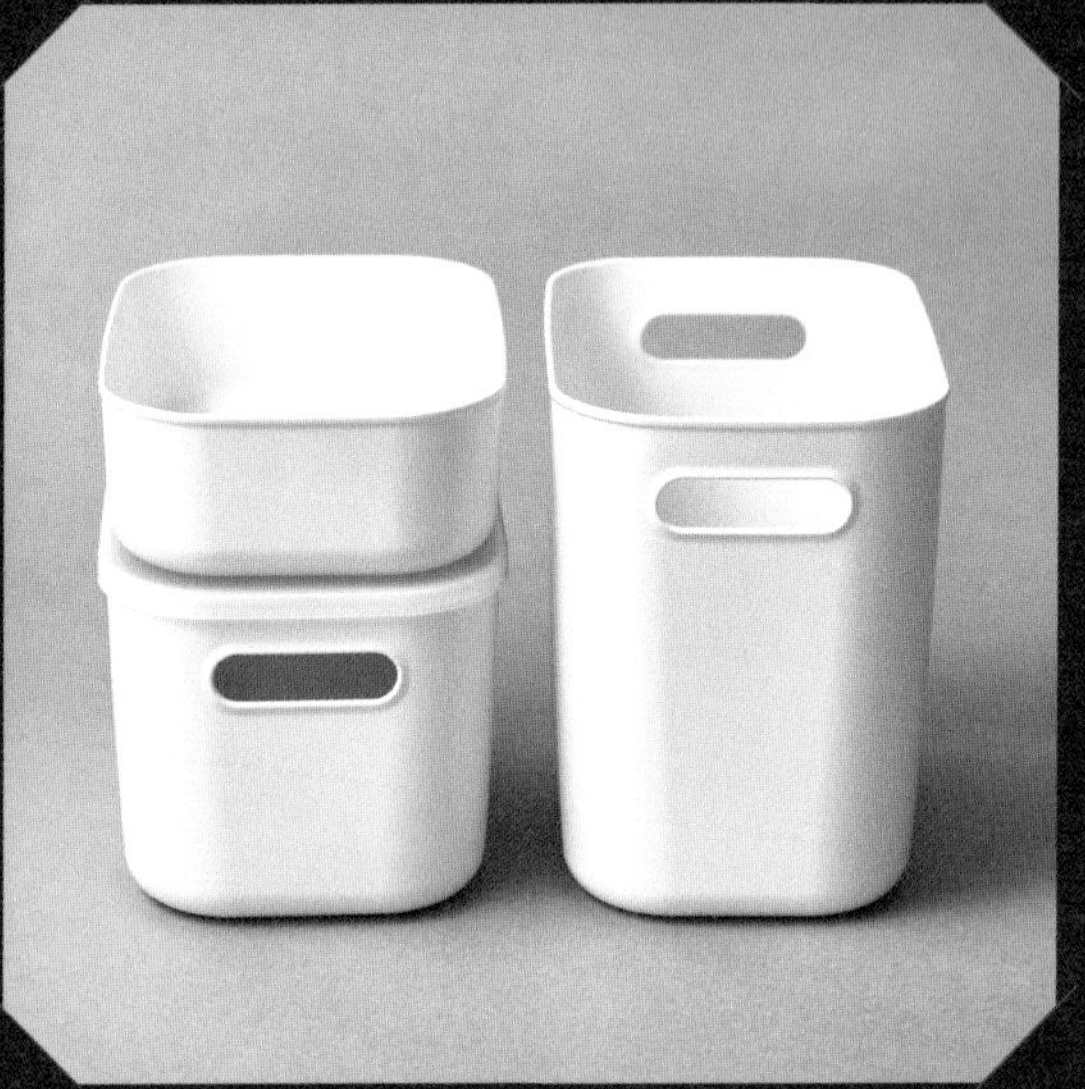

やわらかポリエチレンケース

“いいことだらけの、やわらかいながらもしっかりした箱”

正直、発売されたときには「なぜこれを無印良品が？」と思ったのです。角が丸いな、どう使ったらいいのかな、と。

とりあえず、布製ボックスに入れていた子どものおもちゃを収納してみました。すると、布よりしっかりしているので気軽に放り込みやすい。軽くて角がないから、子どもが扱いやすい。つるっとした素材で洗いやすい。軽やかな白で圧迫感がなく、どこに置いてもなじむと判明。えぇっ、いいじゃないの！　と家のなかにはこれがどんどん増えていきました。サイズ展開が豊富で、入れたいものによってあれこれ選べるのもいいところ。たくさん購入してきましたが、ひとつも手放したことがあ

ほ

展示会で初めてお会いしたとき、「あなたなんか丸っこいわね……」といけ好かない態度を取ってごめんなさい。もうあなたなしでは……。

右：子どもでも取り戻ししやすいようおもちゃを分類。別売りのふたで重ねられます。
左上：無印良品のシェルフのモジュールにぴったり。ポケットシールに写真やイラストを入れてわかりやすいように。
左下：出かけるときに車のなかで食べるお菓子。外袋を切っておき、個包装を取りやすく。

りません。なにしろ、1カ所で不要になっても違うところでいかようにも使えるのですから。またモジュールが徹底されているので、浅いものを重ねたときに深いものと高さが合います。場所を入れ替えても場に収まるから、家じゅうで使いやすい。

わがやでは現在、「大：アウトドアで食材を入れて／キッチンで使い捨て食器類／寝室で古いバスタオルや予備シーツ（子の嘔吐対策）／シーズンオフ寝具」「深：2軍おもちゃ／シーツ予備」「ハーフ・小：普段のおもちゃ」「ハーフ・中：おもちゃ／キッチン引き出しの仕切り／おにぎりを入れて旅先に持って行く保存容器」として大活躍。やわらかくてしっかりした箱、最強です。

•MUJI's items•
やわらかポリエチレンケース

HONDA'S MUJI ITEM AWARD
No.10
ハイブリッドな収納家具で賞

スタッキングシェルフ

“ シンプルな枠を、引き出しやボックスでカスタマイズ ”

ひとつの部屋の中でついやってしまいがちなのが、本棚を置いて、チェストを置いて、カラーボックスも置いて……と家具を増やしてしまうこと。人のスペースが削られるのと同時に情報が雑多になり、スッキリとした印象とかけ離れた部屋になってしまいます。

ところが、スタッキングシェルフがひとつあれば本棚になり、パーツの引出しを入れ込めば小物収納になり、ボックスを使えばおもちゃ収納にもなる。シンプルな「枠」だからこそ、入れたいものに応じていかようにも使えるハイブリッドな家具なのです。

キャパシティが足りなくなった場合でも、追加パーツをつなげること

上：家族みんなが通る家の中心に。下段に「FLAP」をつけて視覚情報を減らしています。
下：寝かせて使うと上面が子どもにぴったりの高さの台に。縦横自由なのもよいところ。

で棚を拡張できます。さまざまな家具を置くよりも統一感を出すことができて、用途が変わっても変化させられる。奥行きが浅いので、日本の住宅事情にはぴったりでもあります。

　無印良品の棚といえばの「ユニットシェルフ」もパーツが豊かで、必要に応じて自在にカスタマイズできる点ではスタッキングシェルフ以上です。ただ、ベースが金属なのでインテリアとして部屋になじませるにはテクニックが必要。組み合わせ方も多様がゆえに上級者向きです。

　マスの大きさがすべて同じ（「ワイド」を除く）で木製のスタッキングシェルフは、誰にでも取り入れやすい優しい家具だと感じています。

ほ

紙のモノづくりブランド「アンドペーパーズ」の扉や引き出し型収納は、スタッキングシェルフの可能性をさらに広げてくれます。鬼おすすめ！

•MUJI's items•

スタッキングシェルフ　オーク材

HONDA'S MUJI ITEM AWARD
No.11
癒しをありがとうで賞

エッセンシャルオイル

“毎日使えるお値段で高品質のありがたみ”

ペパーミントの香りが好きです。スッキリのなかにほんのり香る甘さが心地いい。ただ、エッセンシャルオイルは玉石混交。今でこそいろいろなお店でコスパのよいものを手に入れられますが、10年ほど前には「信用できて毎日使えるお値段のオイル」はそれほど見つけられませんでした。だからずーっと、無印良品のもの一筋。

結婚後に始めた無印良品でのアルバイトでは、ディフューザーにオイルをたらす係が順番に回ってきます。たらしていると先輩から、「そんなんじゃだめ、もっと！」と大胆さを求められた思い出が。指導されてみればなるほど、エッセンシャルオイルは半端な量だとすぐに香りがなくなり、何とも中途半端な香りになっ

ほ

気前よくポタポタして、思いっきり深呼吸したいから、価格の手頃さがありがたい。茶色いガラス瓶は温かみがあって、良い感じ。

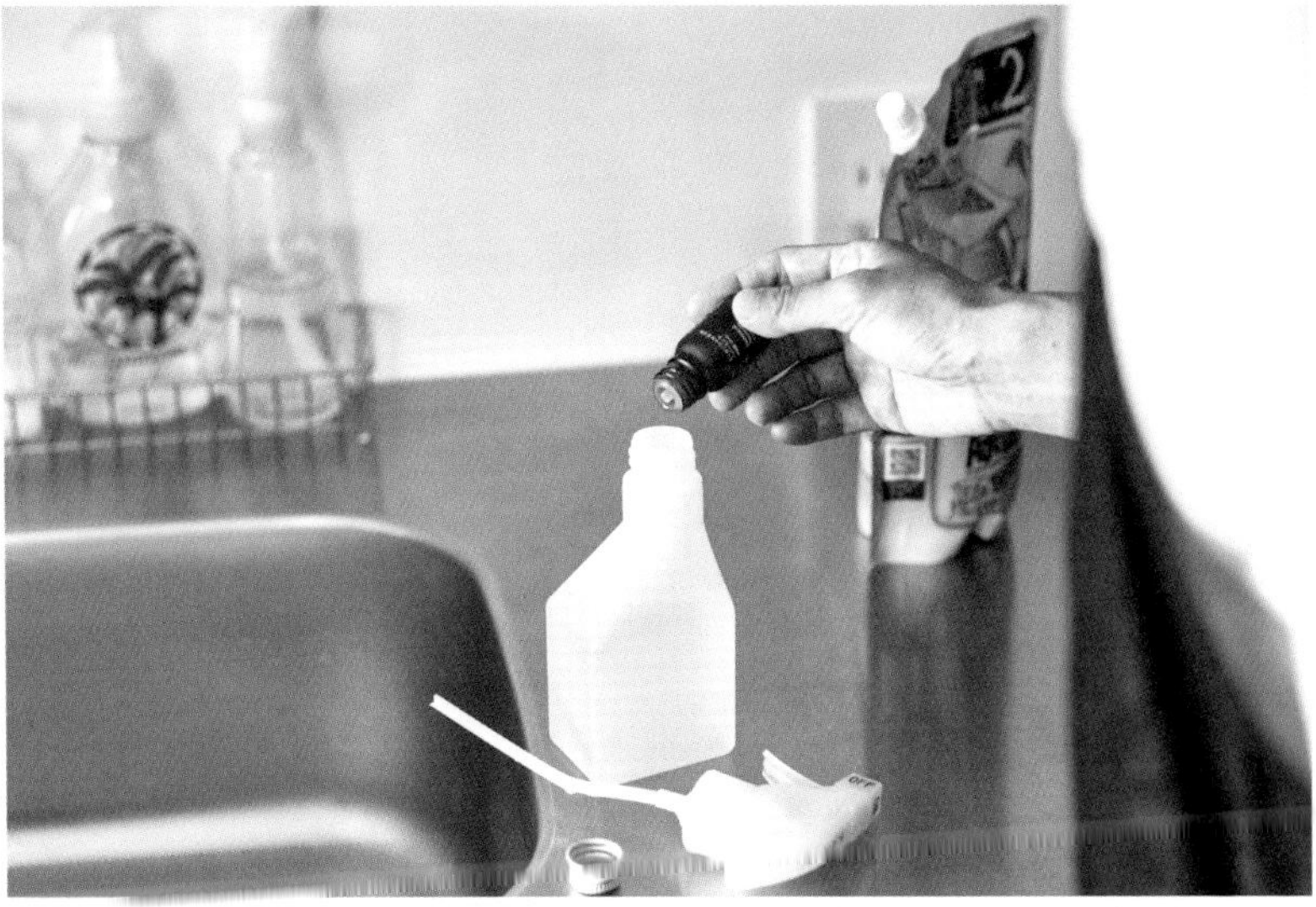

アルコールスプレーにペパーミントをたらして、掃除しながらリフレッシュ。

てしまうことも。今でもその心得は胸にあり、友人から「ずいぶん威勢よく瓶を振るね」と言われたりしています。

自宅では、仕事スペースに置いたマークスアンドウェブの木製ディフューザーにたらしています。仕事中のアロマについては、またのちのページで（53ページ）。

掃除のときにもペパーミントは活躍します。アルコールスプレーに少したらして混ぜ、洗面台回りやトイレ掃除のときにシュッと。掃除をするたびに、ほんのりよい香りを楽しめてお得感があります。旅先にも持って行って、宿で紙コップのお湯に垂らすことも。こもっていた空気を一気に爽やかにしてくれます。

•MUJI's items•

エッセンシャルオイル

HONDA'S MUJI ITEM AWARD
No.12
本多家の肌で賞

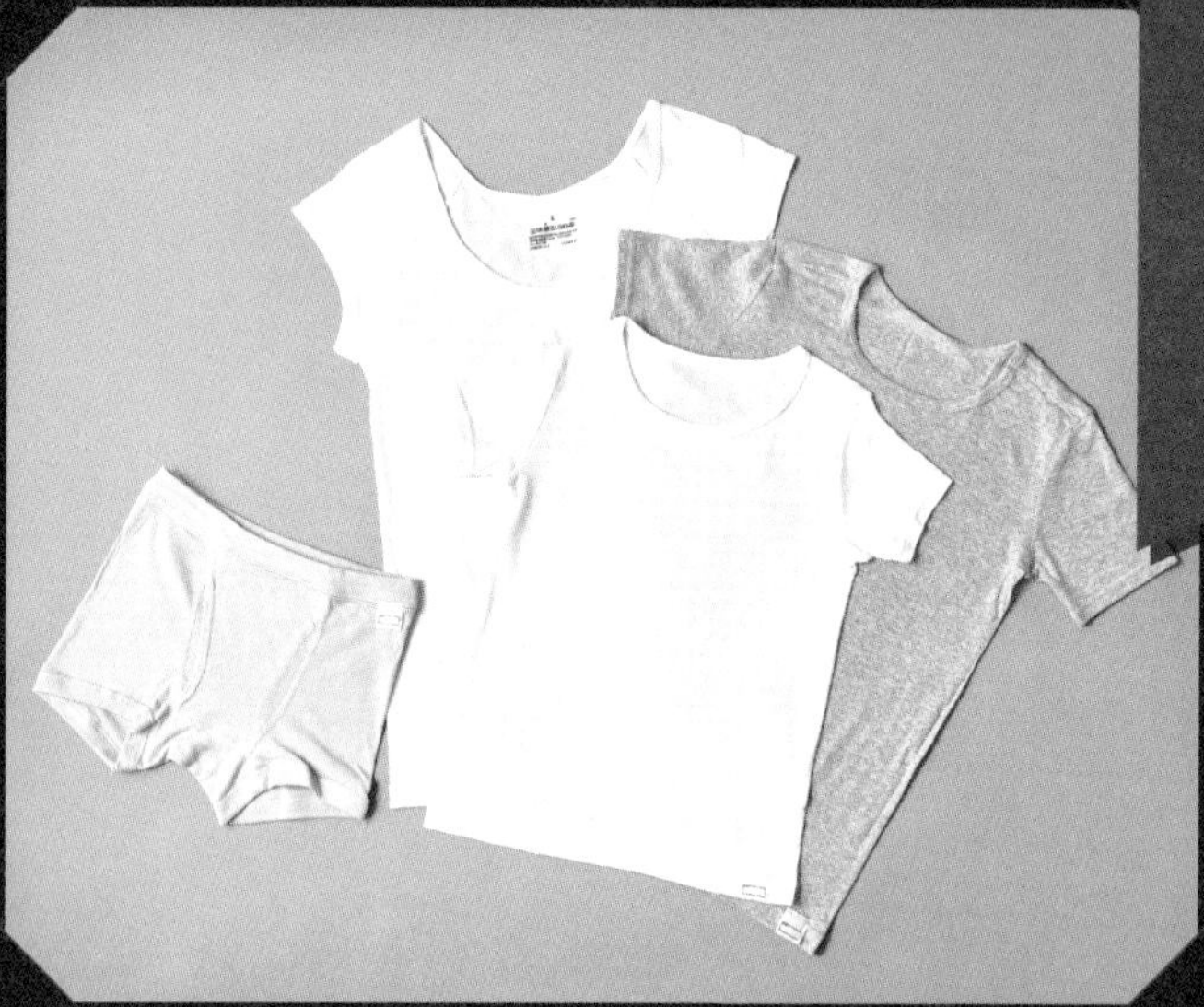

肌着

“ 毎日使えるお値段で高品質のありがたみ ”

夫以外の家族の肌着はいつもこれ。上も下も、ガンガン着ても伸びたりよれたりせず、肌触りがよくてコスパ最高。私は高校生のときから、子どもは生まれたときから、無印良品の肌着に包まれているのです。もはや、ほとんど皮膚。

子どもの肌着は他メーカーに比べると割高ですが、一番長時間肌に当たっている布だからきちんと考えられた商品がいい。ネームタグが外側にあることからも、着る者に対しての思いやりを感じます。

同じメーカーだからサイズアップで間違いも起きません。長男はグレー、次男は白と決め、買い物も管理もラクに。

•MUJI's items•

キッズ　フライス編みクルーネック半袖Tシャツ
フライス編み前開きボクサーパンツ
さらっと綿　汗取りパッド付きフレンチスリーブTシャツ

HONDA'S MUJI ITEM AWARD
番外編

なくなったら困るで賞

"むさぼり食った思い出の味"

クラックプレッツェル

今から13年も前のことでしょうか。整理収納コンサルタントとしてかけだしのころで、並行して無印良品の店舗で週に3〜4日のアルバイトをしていました。私が配属されたのは、「食品」。当時それほど興味もなかった部署でがっかりしたのですが、今となってはよかったと思います。その魅力の扉を開けることができたのですから。

スタッフとして品出しをしていると、「これよく売れるなあ」という商品がわかります。当然、食べてみたいと試すわけです。おいしい！　とリピートするようになったものが、今も定番。レトルトやお茶にお菓子、どれだけ生活の楽しみとなっていることか！

2年間ほどのバイトで一番記憶に残っているのは、バックヤードでクラックプレッツェルをむさぼる自分の姿です。お昼休憩となると毎日この商品を買うので、レジ打ちのバイト仲間は「また……!?」と引いていたと思います。チョコレート味を中心に、すごい勢いで食べていました。なんといっても、割れ方に大小あるのがよかったんですよね。チョコレートの濃淡がいろいろで、飽きがこない。甘すぎず、ほろにがでたまりませんでした。一袋を、あっという間にペロリ。

一時終売（2023年12月時点）となり愕然としていましたが、また発売予定と聞き、ホッとしています。

＊現在は販売していません。2024年夏までに再販（リニューアル）予定とのこと。

名品にあらわれる無印良品の思想

私が大人の階段を上るころ、すでに無印良品はありました。振り返ってみれば、自分のものの考え方はこのブランドに影響を受けていると感じます。

無印良品は、いつも原則を見つめています。例えば収納ケースなら「収めやすい」「取りやすい」。ペンなら「書きやすい」「持ちやすい」。求められる本質からずれることなく、そこに「ほかと違う特色」とか、「目立つ色」などの余計なものを足したりしない。そういうことを引いていく思想に、惹かれるのです。

だって、人生もそうありたいと思うから。

過ごしたくない時間は最小限に、お互い大切に思う人とだけ付き合いたい。仕事も育児も家事もたくさんあってごちゃごちゃになるけれど、自分の心地良さをシンプルに追求したい。

こういう思想を無印良品の人や本から語られたわけではありません。無印良品の商品自体がそれを体現している気がします。

電源タップのページ（38ページ）でもお話ししたのですが、ひとつのものを選ぶとき、ほかの店だとあまりにさまざまなものから選び取る必要が出てきます。「だれかに刺され！」という商品群のなかから、自分に適したもの、愛せるものを探すのは大変なことです。

無印良品は「必要な機能だけ見てみて」と語りかけてくれるから。持ち帰れば、当たり前の顔をしてなじんでくれるから。だからいつだって、まずは無印良品でものを探すのです。

3

在宅ワーク

Work done at home

仕事にとりかかるときのしんどさを
少しでも軽くできるように、
小さな工夫の積み重ねでやる気を後押ししています。
無印良品のものたちが、
ときに寄り添い、ときに実際の助けとなりながら、
仕事を進めさせてくれているのです。

仕事がしやすい環境をつくる

座面がペーパーコードで編まれたアームチェアに座って、仕事をしています。ほどよい柔らかさで長時間座っていても疲れません。背当てがぐるりと体を包んでいる安心感があります。さらに、背中にやわらかマルチクッションを挟めば完璧。つねに姿勢をサポートしてくれて、居心地ばつぐんなのです。座りたくなるいすは、仕事をさせてくれるいす。

仕事中だけでなく食事やリラックス、雑事こなし中にも座っているのだから、暮らしへの貢献度は絶大。相性のよいいすとの出会いは、幸せに直結ですね。

•MUJI's items•

背当てにもなるやわらかマルチクッション、
オーク材ペーパーコードアームチェア

定番のCDプレーヤーで気分を上げて

10年近く暮らしの相棒だった壁掛式CDプレーヤー。ついに壊れたので新調し、ダイニングの壁にかけました。これまで洗面台、キッチン、トイレなど、多くの場所で活躍。ダイニングに来てからは、仕事中のBGMはもちろん、子どもがCDを選んで音楽を楽しむことも増えました。ラジオも聴けます。

アロマでホッと一区切り

ペパーミント、ユーカリやゼラニウムなどスッキリとする香りが好きです。「さあ仕事に取り掛かるぞ」というときや、オンライン会議が終わってホッと一息ついたときに、オイルをたらして気分転換。香りが、いい風を浴びたときのような心地よさを運んでくれます。

•MUJI's items•

壁掛式CDプレーヤー、エッセンシャルオイル　ペパーミント

ほっ

好きな喫茶店のトイレでラジオが流れているのが楽しくて、真似してトイレに置いていた時代もありました（来客時の音消し効果も）。

紙ものを整理できるポケットホルダー

ライフログ用ノートのカバーとして使っています。6つのポケットがついているので、検診のお知らせはがき、仕事で要精算のレシート、買った植物の情報を書いた紙など、ちょっとした紙ものを挟んで保管しておけるのが便利です。持ち運びやすいスリムさも魅力。

子どもだけじゃない！らくがき帳にアイデアを書き留めて

友だちに「無印良品でずっと買い続けているもの」を聞いたら、らくがき帳だとの意外な答え。考えていることをとにかく書き出すのに、この大判の無地の紙が活躍するのだそう。私も真似して、仕事のことやフト思ったことなどをここにアウトプットしています。

•MUJI's items•

ノートカバーにもなるスリムポケットホルダー、らくがき帳

私の無印良品沼の入り口は、高校時代愛用した文房具たちでした。息子たちもこれから好きになってくれたらな〜なんて思います。

たくさんの書類を見やすく、書き込みやすくまとめておくのなら2穴ファイルが向いています。無印良品の文具全般に言えますが、パンチもまたシンプルで余計なことが一切されていないから、どんな景色にもなじみます。しまうときにスリムにできるのがよい。

雑誌の記事を切り抜くなど、卓上でカッターを使うときはこのマットが必須です。折りたためるからほかの書類と同じサイズで立てておけるのがポイント。折り目が波型のため、広げたときに凹がなくきれいに平らになります。そして白くてマス目だけ、という潔さ。

•MUJI's items•

スチール2穴パンチ、折りたたみカッティングマット

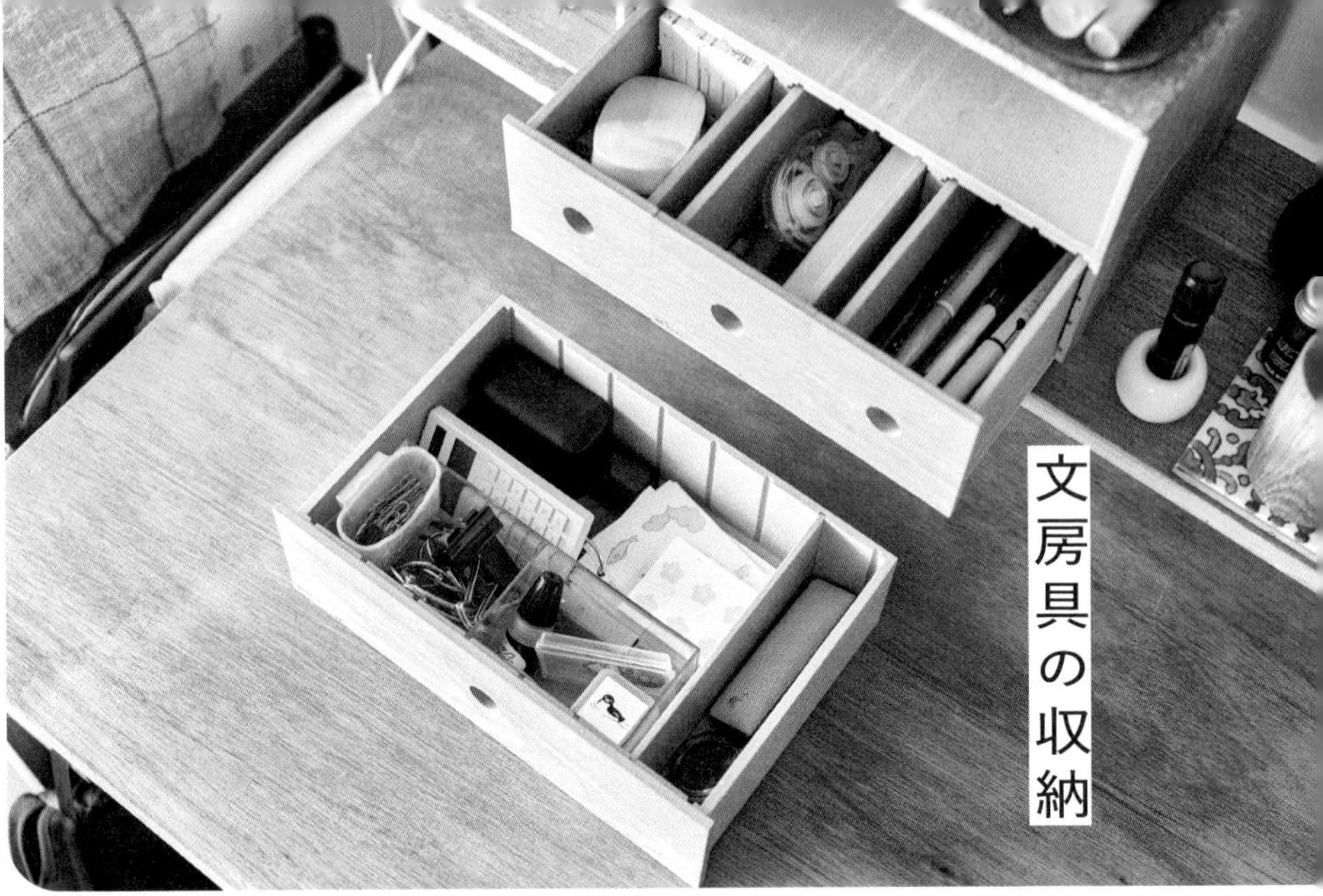

文房具の収納

文房具は この小さな箱に集合

小引き出しのよさはマンションの部屋のように「この種はここ」と分類できること。1段目の広い部屋には印鑑、クリップなど。2段目は各々「ペン」「のりと修正テープ」「お名前スタンプ」の部屋です。家になじむ木製の小物入れ、万歳。

模様替えも 簡単に

3段は縦にも横にも使えて、横長や上開きなどの形と組み合わせられます。積み木のようにあれこれ試すのが楽しい。上開きは以前、玄関でマスク入れとして使われていたもの。

•MUJI's items•

木製小物収納1段、木製小物収納3段、木製トレー収納2段引出

「スチロール仕切りスタンド」は、無印良品の「これがいいでなく「これでいい」がまさに投影された商品だと思います。可能性だらけ。

薄い紙もの収納に

ＥＶＡクリアケースは密閉袋よりしっかりしていて、切手など細かい紙ものの平面を守って保管してくれます。片面が透明で、どんな切手があるかも一目瞭然。コツコツ集めた可愛い記念切手が目にはいるたびうれしい。

書類と一緒にPCも立てて

ワークスペースの横にスリムなワゴンを置き、仕切りスタンドを入れ込んで収納力大幅アップ。平らに置けば面をくうパソコンも、立てて置ければスッキリです。仕切り板の１区分をきちんと「パソコン用」に空けて。

•MUJI's items•
EVAクリアケース、スチロール仕切りスタンド

仕事に飲み物は付きもの

夏はタンブラーが便利

　水分をとるのが苦手で、一度部屋で熱中症になりかけました。以来、タンブラーにストローをさして飲みやすいよう工夫をしています。子どもにストローマグを渡すのと同じように、自分にサービス。このまっすぐな美しいデザインと、温度を保ち結露であたりを濡らさない機能性に助けられています。

　コーヒーのおともには、たまのぜいたくでサンドクッキー。季節によっていろいろな種類が出るので、店舗に行ったときに見るのがお楽しみです。お気に入りは春の「桜のクリーム」。

•MUJI's items•

ステンレスタンブラー、サンドクッキー

無印良品のノートと共にずっと

高校生のころ、無印良品のシャーペンの透明部分に好きなデザインのガムの包み紙を入れて、オリジナルペンをつくっていました。ノートもしかり。表紙に何も書いていないから、自分の好きなことを書けた。「数II」なんていう味気ない文字でも、色を使ってフォントをつくって。

苦手な教科の勉強も、そんなちょっとした楽しみを見つけることでがんばれていたのだと思います。

ノートの中身にしても、日付の欄すらありません。「罫の太さ」「マス目」といった選択肢は豊富にあるけれど、細かい「こう使って」の余計なお世話が一切ない。その精神に、ずっと支えられてきたのだなあと実感します。

•MUJI's items•

ノート

ひとりランチ

**ひとりでも
おいしく食べたい**

家でひとり食べるランチは、プレシャスタイムです。朝にはゆっくり食べる時間をとっていないので、昼はがっつりおいしく食べたい。残り物おかずのランチだとしても、2品はほしい。しかしメインが家にない、そんなときには無印良品のレトルトや冷凍食品の出番です。良質な素材ゆえ、1人前でもちょっぴりぜいたくなお値段。だからこそ、今日もがんばる自分に〝見合っている〟と感じます。外食するよりは安いしね、と家で自分をもてなすのにうってつけなんです。これで午後もがんばれそう。

ほっ

キッチンのストック食材引き出しに無印良品のレトルトが、冷凍庫に冷凍食品がストックされていると「あぁ私は大丈夫」という気持ちに。

ストックがないと不安になる バターチキンカレー

あたためるだけ!

ギーやカシューナッツ、バターオイルなど自分でつくるカレーとは一味違う旨味が至福。肉がごろっと入っていて、子どもも大好き。必ずストックしています。

●

蟹トマトクリームパスタ

絶品!
パスタは深フライパンでゆでる!

蟹の風味とまろやかな生クリーム感が、とってもぜいたく。パスタを茹でている間じゅう、食べる瞬間を思ってほくほくです。子どもも好きだけど、母のランチ用に隠しておきたくなる。

●

胡麻味噌担々スープかけごはん

やみつき!
ごはんにかけるだけ!

花椒が入っていて本格中華のおもむき。もっぱらご飯にかけますが、麺にかけても、薄めてスープにしてもよい。「ごはんにかけるシリーズ」はあたためる必要もなく、本当に気軽。

•MUJI's items•

素材を生かしたカレー　バターチキン
ごはんにかける　胡麻味噌担々スープ
素材の旨みひきたつパスタソース　紅ずわい蟹のトマトクリーム

無印良品好きは気の合う指標 高校の同級生が語る「私と無印良品」

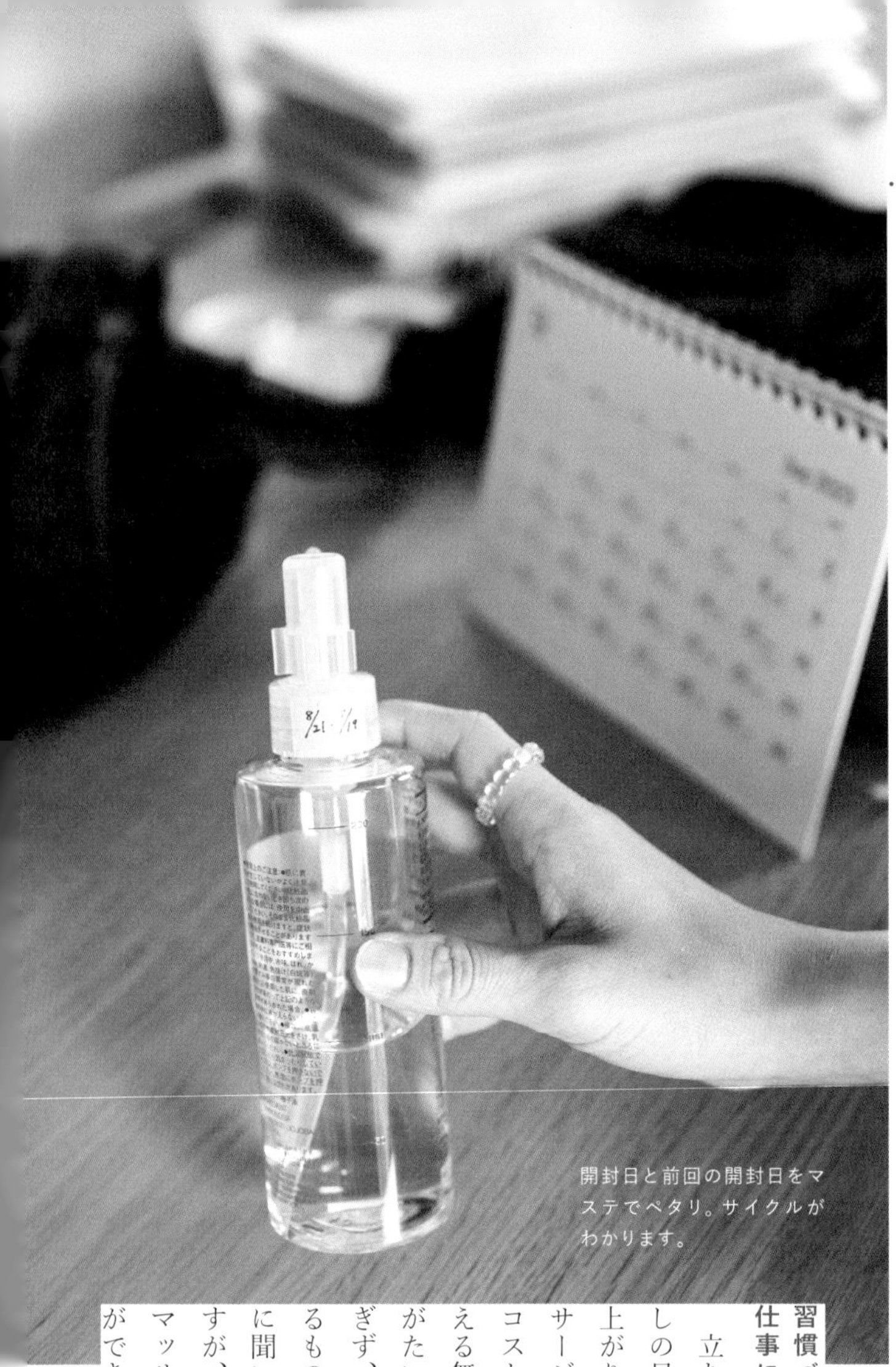

開封日と前回の開封日をマステでペタリ。サイクルがわかります。

旅行でも日常使いでも吊るして使えるケースは洗面所に引っかけて。中で仕切れて、整理しながらケア用品をまとめて持ち運べる。たためる仕分けケースはMサイズが使いやすい！買い足してリピート。

習慣づけを助け 仕事にも役立つ無印良品

立ち仕事の日、座りっぱなしの日、足が疲れるとお風呂上がりにホホバオイルでマッサージします。質が確かで、コストを気にせずたっぷり使える無印良品のオイルはありがたい。これは「べたつきすぎず、でもしっかり保湿できるものはないか」と店員さんに聞いて買ったものです。さすが、使いやすくてちゃんとマッサージを習慣化することができました。

お話を伺った人
宮崎彩美さん
インテリアコーディネーターとして働く、本多の高校の同級生。「当時から持ち物がシンプルでセンスがよくて、流行に飛びつくことなく自分のスタイルを持っている人でした」と本多。

今日常にある無印良品ですが、始まりは本多さんと通っていた高校生のころ。学校帰りに自転車を4キロ漕いで、よく文房具を一緒に買っていました。当時は高校生で無印良品好きというのがマイナーだったから、そこがひとつ気が合う指標になっていたかもしれません。

今でも会社帰りに開いていれば、つい入ってしまうお店です。行くだけで安心してしまう（笑）。最近は調味料も豊富で、食料調達の場にもなっています。

フックつきの時計は乾燥機側面のマグネットフックに引っかけて。背面がマグネットのミニクロックは冷蔵庫側面に貼り付けて。両方とも、朝の身支度の時間管理に欠かせないのだそう（どちらも販売終了）。

店舗ごとに広さや置いてあるものが違うので、いろいろなお店に入りたくなります。戸建てを購入したお客さまのインテリアを一緒に考える仕事をしているので、ものの置き方やどんな収納用品があるのかは参考になるところ。お客さまとの会話でも、「例えば無印良品のような家具や収納」と言えば通じるんですよね。素材や価格感、シンプルなデザインがみんなのイメージとして定着している。多くの人に合わせやすいし、話にも出しやすいんです。

趣味は美術館巡りと、そのフライヤーコレクション。裏表見たいので、さっと出し入れできるポケット型のスリムポケットホルダーが便利。リピートし続けて10冊以上所有です（ストックもしています）。

「今日は帰りに無印良品で冷凍食品買う」と決めて出勤

自宅の近くに大型店の無印良品がなくて、でもどうしても冷凍食品を試してみたかったんです。仕事帰りに買いこもうと、保冷バッグに保冷剤を詰めて出勤し、あらかじめ買いたいものをアプリのお気に入りリストにしておいて、意気揚々とキッシュなどを買って帰りました。無印良品の保冷バッグはいっぱい入るし軽いし、10年以上使っているけどまだまだ使えそう。

日曜始まりで六曜がわかり、シンプルな卓上カレンダーとなると毎年無印良品のものが定番。仕事柄、お客様のお住まいのイベント事は大安や友引に行うことが多いので六曜がわかることが大切。

バッグインバッグは高校生のときからずっと同じもの。貴重品、常備品をまとめておいて、バッグの入れ替え時にお引っ越し。洗ってもくたくたにならず丈夫です。中身はメモ帳、ウェットティッシュ、ハンドクリーム、エコバッグ、鏡やお裁縫セットなど。

アプリを駆使して無印良品を満喫

ワインエキスパートの資格をとるくらいワインが好きなので、合いそうな食品を買いがちです。それは、アプリで購入履歴をさかのぼると歴然。気に入ったものや母に頼まれた買い物は間違わないように、「お気に入りマーク」をつけて次回も買いやすくしています。

お買物以外でも通勤途中や、お出かけした時に近くの店舗にチェックインしてMUJIマイルを貯めているので、アプリのアイコンはすぐタップできるところに配置。フォロー店舗のイベントやワークショップ情報を見て、参加したいなあと思いつつまだ叶っていません。アプリを見るのも楽しい習慣です。

本多「持ってきてくれたものから、暮らしもお仕事も実直に紡いできた様子が浮かび上がってきたよ」宮崎「また一緒にお店に行きたいね」

4

こざっぱり家事

Neat and tidy housekeeping

家をこざっぱりと清潔で快適にしておきたい。
洗濯物の揺れる景色は気持ちのよいものに。
苦手な料理はシンプルにこなしたい。
これらの欲望を叶える肝心かなめはツールと収納。
優秀な家事の相棒ツールが、
各部署で頼もしく待ち受けてくれている家が理想です。

こざっぱり家事・掃除編

大掃除のいらない部屋に

いつも家を「こざっぱり」させておきたい。1日に積もったホコリや汚れを、その日か翌日には取り払っておきたい。そうできたなら、大掃除もいりません。

大切なのは、ちょこちょこと手を入れられる状態にしておくこと。ものをどかさなくても拭けるよう、ものは多すぎず、床置きせず、置いてもどかしやすくしておく。そして汚れるところに掃除道具をちりばめる。無印良品の道具は色味が統一されているので、景観を損ねることなくスタンバイしていてくれるのです。

子どもの砂対策

なぜだかいつも砂だらけの子どもたち。玄関土間に落ちるので、その場にほうきとちりとりのセットを置いています。同じものが、ベランダにも。ベランダ床をこすりたいときは、先をブラシに付け替えられます。このシステムはすごい！

収納はココ！

右：キッチン、洗面所、一直線にのびる床のササッと掃除は、フローリングワイパーで。入浴後髪を乾かしてからすることが多いです。

左：砂の落ちる玄関土間に吊るし収納。ちりとりをほうきに固定しておけるのがよい。砂を捨てられるバケツも常備です。

•MUJI's items•

ヘッドが付け替えられる　伸縮ポール、フローリングワイパー、ほうき、ちりとり

ほ

ジブリ映画（『魔女の宅急便』など）に出てくるさまざまな掃除シーン。あれこそ「こざっぱり掃除」の描写だと感じます。やり方がとてもシンプル。

こざっぱり家事・洗濯編

洗濯グッズは美しくあってほしい

等間隔に並んだ洗濯物が、風に揺れる風景が好きです。つい、パジャマは対で隣同士にしたり、白は白で集めてみたり、余裕のある日にはちょっとデザインしてしまいます。暮らしの場面を、風景として捉えがち。そんなときにピンチやハンガーが好みのものではなかったらガッカリなので、無印良品には本当に感謝しています。毎日のように、干し終わって眺めるベランダに「……いいな」と感じられるのですから。

スタンバイ中も美しく

無印良品のステンレス横ブレしにくいS字フックに、アルミハンガーの束。透明感のあるピンチ。しまわれている様子まで、涼し気できれいです。

•MUJI's items•

アルミ洗濯用ハンガー、
ステンレス横ブレしにくいS字フック

物干し用ピンチの ラクなとめ方、しまい方

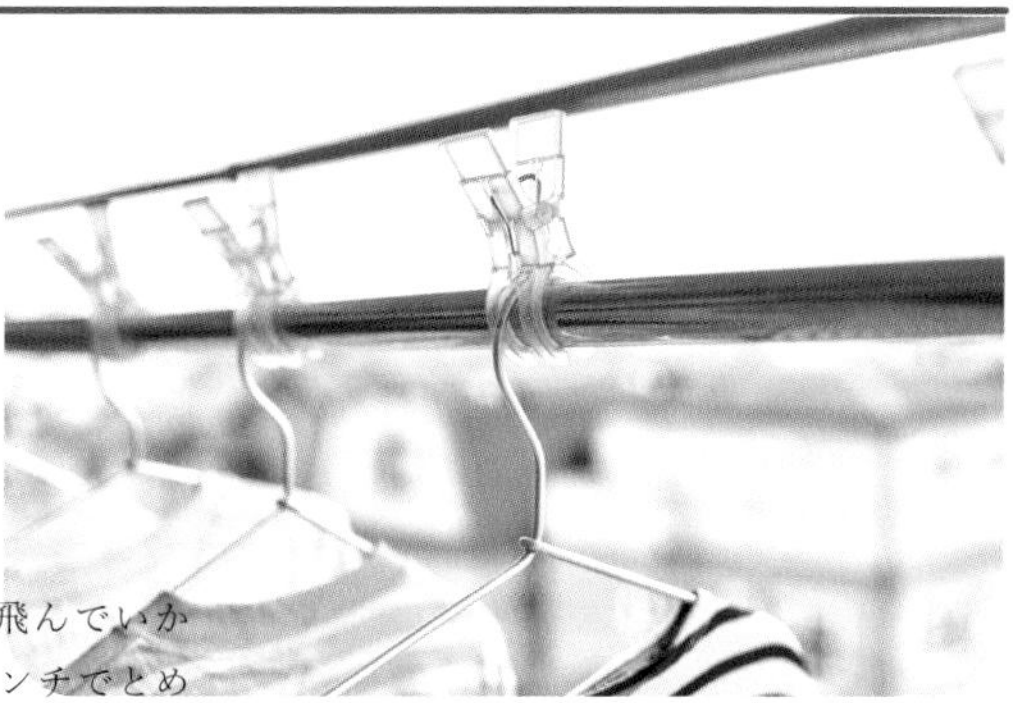

ハンガーを竿にかけたら、風で飛んでいかないようひとつずつ物干し用ピンチでとめます。ちょっと面倒なので、3つにつなげて棒状にしたピンチを片手に持ち、もう片方の手でパッパととめていく作戦。ラクだし、しまうときも省スペースです。

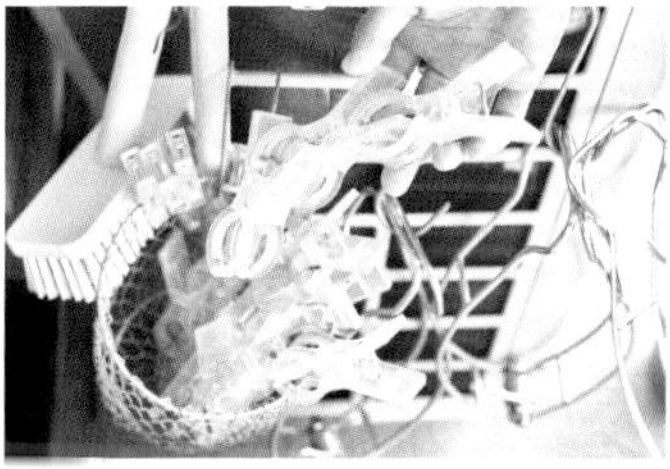

収納はココ！

室外機横にワイヤーバスケットをさげ、ピンチを収納。かさばるので、3つずつ縦につなげて棒状に。小さいピンチはフチにとめて。

洗濯ネットは ずっとコレです

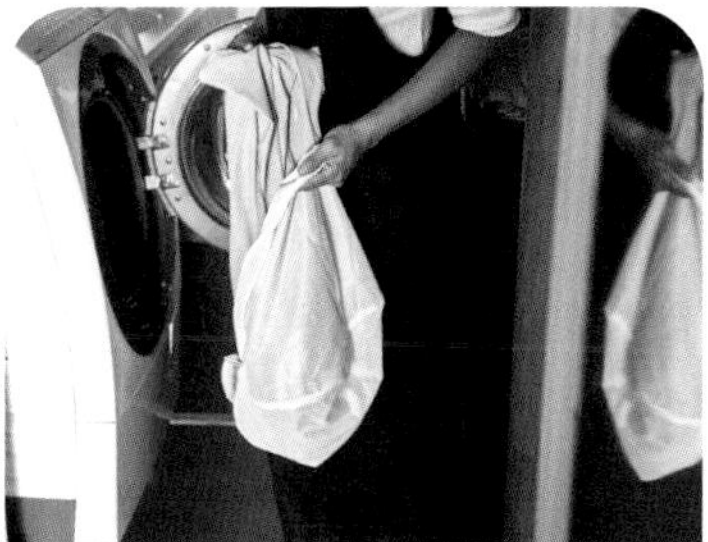

立体的で衣類を入れやすく、裏返しでも使えてストレスフリー。両面からチャックが開け閉めできて、引手金具を覆えるので洗濯中に開いてしまったり服に引っかかったりすることもありません。あまりに丈夫で、薄汚れてきてもまだまだ使えてしまう。

収納はココ！

洗濯ネットはバスケットに入れて、洗濯機横の台上を定位置に。口の開いたバスケットは、欲しいサイズのネットを探しやすく、しまうのもラク。

•MUJI's items•

ポリカーボネートピンチ　物干し用、洗濯ネット、
ポリプロピレン　梱包用バンド　手編みバスケット

ほ

結婚して13年ですが、洗濯用品の買い足しはあれど買い替えはほぼありません。すごくないですか？　べっぴんな上に丈夫なんです。

雨の日に出てしまった大物に

晴れの日に干したい大物の洗濯物ですが、雨であろうが出るときには、出ます。そんなときは、直線ハンガーを2つ使って室内干し。このハンガー、角型ピンチで足りない分を補ったり、ちょっとしたものを乾かしたり、旅先で手ぬぐいを干したりと大活躍なのです。

発売されたときは、画期的なデザインだなあと心躍ったものでした。〝可能性を感じてスカウト買い〟は、無印良品でよくやること。思った以上にいろいろなシーンで役立っています。

•MUJI's items•
アルミ直線ハンガー

こざっぱり家事・キッチンまわり編

小さいけれどスグレモノ！

シンク内の食品クズを集めたり、こってり汚れのフライパンをこそげたりするスクレーパー。黒いから着色しないし、柔らかさがちょうどよい。角のカーブがそれぞれ違うので、器や鍋の形状に合わせてぬぐい取れます。先に重めの汚れを取っておくと、スポンジが長持ち。

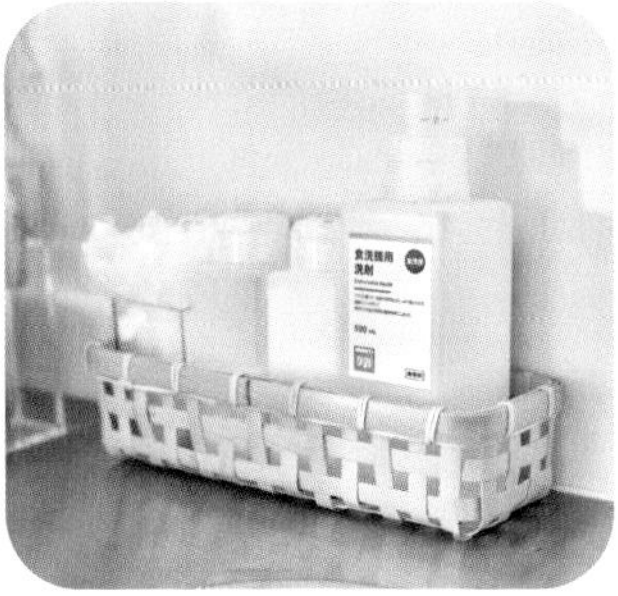

見えてもかわいい掃除の洗剤

ワンタッチで開け閉めできる無印良品の容器に詰め替えた粉せっけんや過炭酸ナトリウム、白い水切りネットなどを竹かごにまとめて。毎日使うものだから、しまいこまずにワンアクションで取れるように。いろいろ入っていても色味に統一感があればうるさくなりません。

•MUJI's items•

シリコーンスクレーパー、ナチュラルクリーニング 重曹、ナチュラルクリーニング 過炭酸ナトリウム、粉洗剤用ボトル、竹材 編みかご

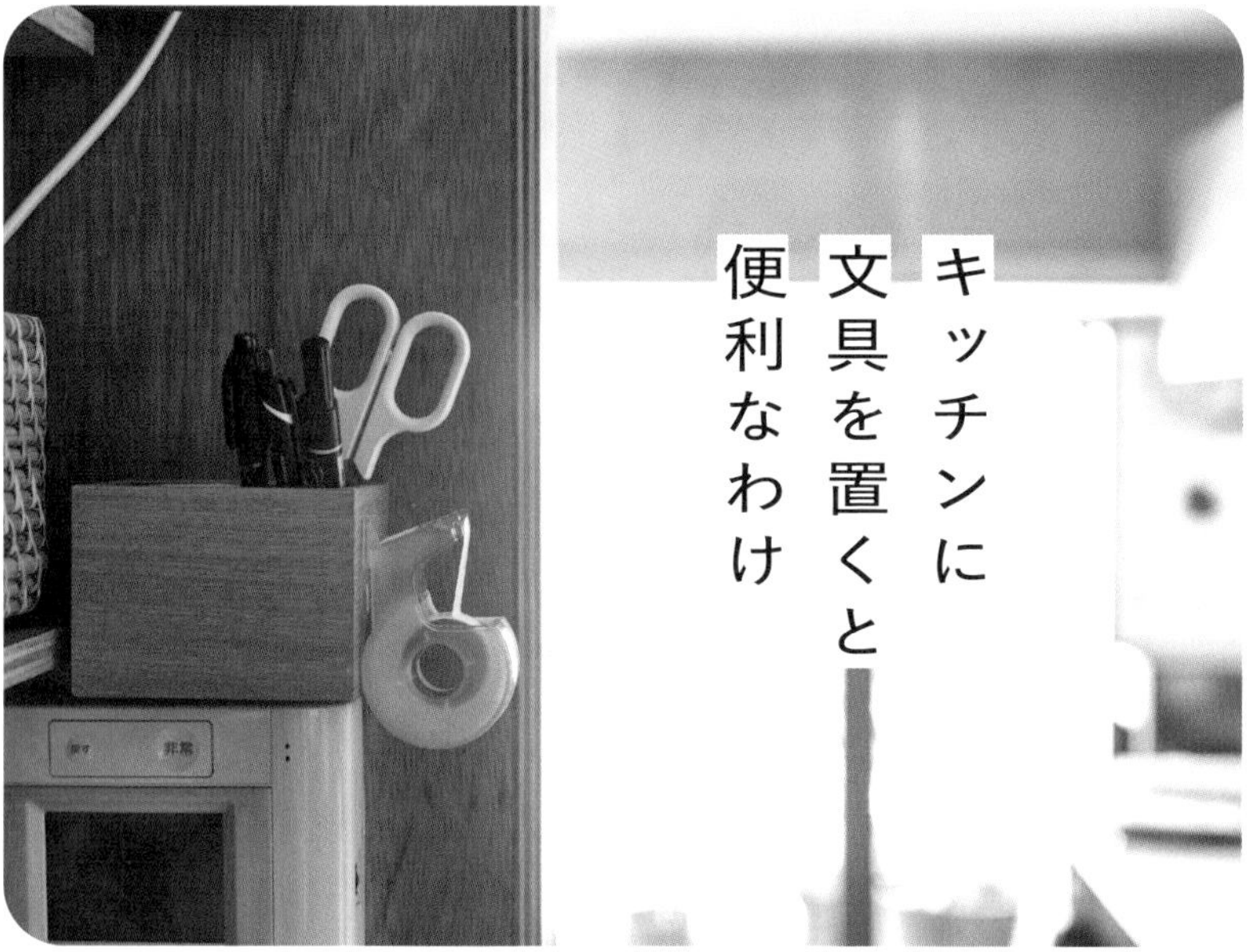

キッチンに文具を置くと便利なわけ

マステ、はさみ、ペンは必須

キッチンで封を切る機会は多いので、パントリー棚とシンク脇の2カ所にはさみを置いています。そして開封したら、その日付を記したい。早めに食べることを促し、食品ロスを防ぎます。無印良品のマステはインクを弾かず紙のように書きやすい。はさみもマステも作業中にサッと使える場所を定位置にしています。同じ理由で、油性ペンはノック式。面倒を減らすことで、ちゃんとラベリングできるように。

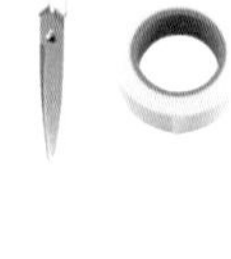

•MUJI's items•
テープがつきにくいはさみ、マスキングテープ

ラクに開け閉め、湿気らない

砂糖の保存容器はずっとこれ。高さがキッチンの引出しぎりぎりまであって、たくさん入る絶妙なサイズ。フタを回さなくても開け閉めできてラクちんです。フタが劣化したら、フタだけ買えるのも無印良品のいいところ。大さじ小さじが計れる木のスプーンを入れて。

あなたをずっと待っていた

袋留めクリップには、カラフルなものが目立ちました。仕方なく持ってはいたけれど、目に入るたびちょっとモヤモヤ。いつの間にか使わなくなり、パンの袋などは文具のクリップで代用していました。無印良品から発売されたときは歓喜の嵐！

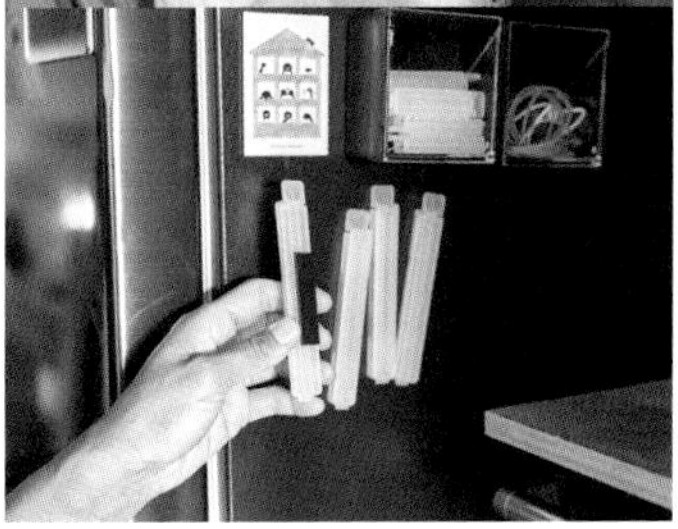

収納はココ！

直にマグネットシールを貼り付けて冷蔵庫側面にペタリ。

•MUJI's items•

耐熱ガラス丸型保存容器、ポリプロピレン袋止めクリップ

シリコーン調理スプーン 使い方いろいろ

もう手放せない シリコーン調理スプーン

友人、仕事で出会った人など、思い浮かべる顔のほとんどがこのスプーンを持っています。菜箸やおたまと同じように、〝まずは揃えるキッチンツール〟としての地位を確立したのではないでしょうか。むしろ菜箸やおたまよりこちらを先に買って、足りない機能があれば買い足すくらいでよいのでは。それぐらい万能です。

調理、盛り付け、かき出しなど1本で何でも兼ねてくれます。あまりに便利なので小も購入。副菜や子どものおかずを盛り付けるのにちょうどよいサイズです。

•MUJI's items•

シリコーン調理スプーン　レギュラー／スモール

母にはたまに「無印良品のこれ、ぜひ使ってみて」ギフトを。洗濯グッズや、パジャマ、ルームサンダルに並んで調理スプーンはとりわけ好評でした。

シリコーンだからきれいにかき出せる。

複雑な形状のものにも。

フライパンを傷つけず炒められる。

すくいやすく、盛り付けやすい。

こざっぱりを叶えるための考え方

同じ家事でも、家じゅうの収納の在り方で「苦楽」や「時間のかかり具合」などが変わってきます。

なぜなら家事は道具を使うものだから、その道具の出ししまいがラクなほど、家事もラクに。家事の道具以外のものに関しても、ものが出ていれば片付けるのもまた家事なので、やっぱりしまいやすさが大切なのです。

だから、使いたいものをサッと取れて、じゃまなものをパッと片付けられる部屋は、自然と「こざっぱり家事」のできる家。

こざっぱりの「こ」には、そんなに完璧にしなくてもいいんだけど、の気持ちが込められています。掃除にしたって、つねにすべてがピカピカの状態でありたいわけではない。ただ最低限、ホコリが方々に溜まっていたり、油汚れがこびりついていたりしないように。

つまりは、汚れがついてから数日以内に拭うことができればセーフ。手のかかる掃除に取り組まなくても、サッと取れるうちにきれいにしておければこざっぱりは叶います。

めざすのはここ。汚れたとき、それに気づいたときに、考える間もなく手を動かして道具を取れる収納の仕組み。あれこれものをどかさなくても単純な動作で拭ける状態。簡単にリセットできる部屋であるということ。動線短く、手間少なく、シンプルな動きでほしい成果が得られる収納であり、道具があること。

こざっぱりに、几帳面な性格などはいりません。ズボラでも仕組みによってなんとかなる状態、それがこざっぱりの源泉です。

5

＼ただいまヘビロテ中！／

無印良品で買う消耗品

Consumables to buy at MUJI

ドラッグストアにあるような日用品も
多数扱っている無印良品。
おかげで、スーパーに買い物に行くような感覚で足を運べます。
品よし、価格よし、パッケージよしの消耗品たち。
わがやのお気に入りをご紹介します。

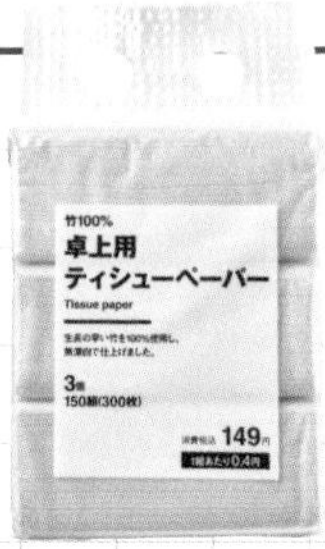

竹 100%
携帯用ペーパーナプキン

6個　10組（30枚）99円

つい、ハンカチを忘れて出かけてしまいがち。そんな自分をフォローするのがこちら。財布やリュックに忍ばせておくのです。

竹 100%
卓上用ティシューペーパー

3個 150組（300枚）149円

車の座席間の収納にぴったりサイズ。運転席からすぐに取れて重宝します。「アクリル卓上用ティシューボックス」に入れて。

フローリングワイパー用
ウェットシート

20枚入　99円

布団収納スペースに常備。布団をしまう前に床や窓枠などを拭いて、ごみ箱に向かう動線上の棚などもホコリを取ってからポイ。

フローリングワイパー用
ドライシート

20枚入　99円

キッチンや脱衣所など汚れやすい床をササッと。薄すぎず厚すぎずちょうどよいシート。パッケージの主張のなさ、手ごろさもよい。

食洗機用洗剤 詰替え

500ml　299円

専用洗剤を減らそうと過炭酸ナトリウムを入れていましたが、こちらを試したらグラスの曇りなき美しさに感動！　あっさり乗り換えました。

ほ

消耗品のパッケージだってかっこいい。余計なゴミも最小限。実は無印良品の消耗品こそ、ブランドの思想が惚れ惚れするほど反映されている気がする。

重曹（研磨・消臭）詰替え用

600g 390円

他の用途にも使えると思い、2年前から浴室掃除に導入。すすぎ残しがあっても悪影響はなく、子どもも安心して使えます。

過炭酸ナトリウム（漂白・除菌）詰替え用

500g 490円

台布巾の除菌、においの気になる衣類の洗濯、茶渋取り、浴室床の漂白などで活躍。これひとつで、いろいろなものを清潔に。

深型水切りネット

30枚入 ストッキングタイプ 99円

目が詰まらず、ごみを逃さないほどよい編み目。他社製品を愛用していましたが、フチに色が。やはり真っ白のものが気持ちよい。

紙製水切り袋

20枚入 299円

シンク内に立てておくと野菜の皮やティーバッグなどを気軽に捨てられて便利。温かみのある紙製なのもよい。ワンアクションで取れるよう竹かごに入れて。

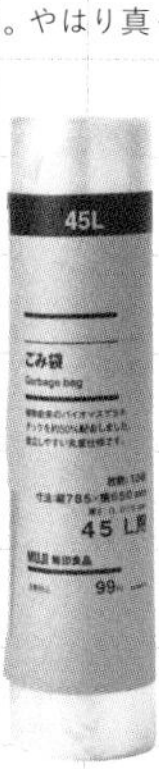

ごみ袋 45L用

10枚 99円

キッチンのごみ箱「オバケツ」（渡辺金属工業）の底に入れています。マチが丸底なのでぴったり。ロールタイプは中でばらけないのもいいところ。

ごみ袋 20L用

15枚 99円

資源用ごみ箱の底に入れています。ロールが小さくなったら、お出かけ用のリュックに忍ばせておきます。筒状で持ち運びやすい。

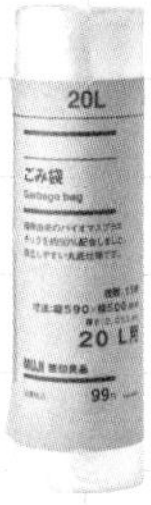

オバケツ→

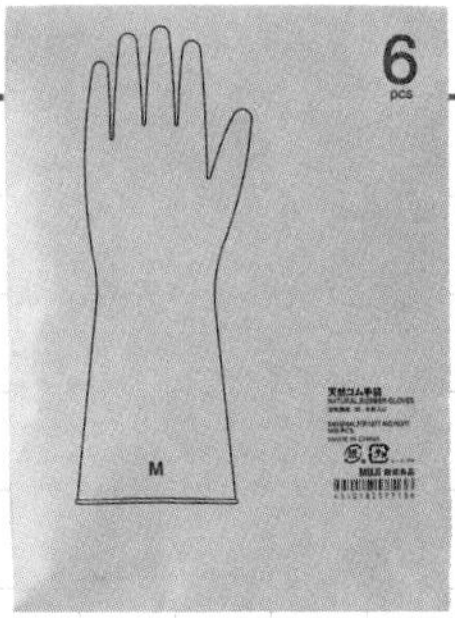

ポリエチレン手袋
フリーサイズ 左右兼用

40枚入 99円

シンプルな薄い箱がよい。引き出しに立てて収納し、調理でこねたり、お弁当を詰めたり、トイレ掃除をしたりに大活躍です。

天然ゴム手袋 左右兼用

M 6枚入 799円

秋冬は必須のゴム手袋。さらっとして着脱がスムーズ。長さも気に入っています。左右兼用だから利き手がヘタることもなし。

たわし 150円

「柄つきたわし」の替えで、少しスリムです。しっかりと力を入れて、ごしごし靴を洗えます。吊るされた情景に味わいが。

隙間掃除シリーズ
スポンジ

150円

サーキュレーターや空気清浄機の隙間にフィットしてホコリをかきだしてくれます。吊るせる穴が空いているのもさすが！

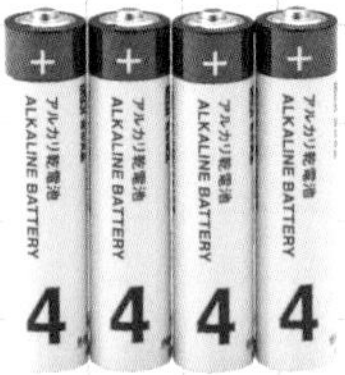

単4 アルカリ乾電池

4本 99円

よく使う単4電池は、残りが少ないと気づいたらストックを購入。頻繁に訪れる無印良品にあって助かる消耗品のひとつです。

単2 アルカリ乾電池

2本 199円

子どものおもちゃでたまに出番の来る単2電池。わかりやすく「2」と書いてあるので、迷いなくパッと取れる素晴らしいデザイン。

ほ

歯磨き粉は1日の始まりと終わりに必ず手に取るもの。心をざわめかせない見た目で、ワンタッチのフタでノーストレス開け閉めが叶うのは地味に嬉しいことです。

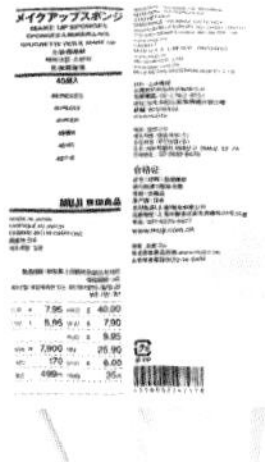

メイクアップスポンジ

40個入 499円

これでBBクリームを塗ると、手を洗う手間が省けます。そして手より早くて細やかに塗れるのです。リピート買いのメイクの必需品。

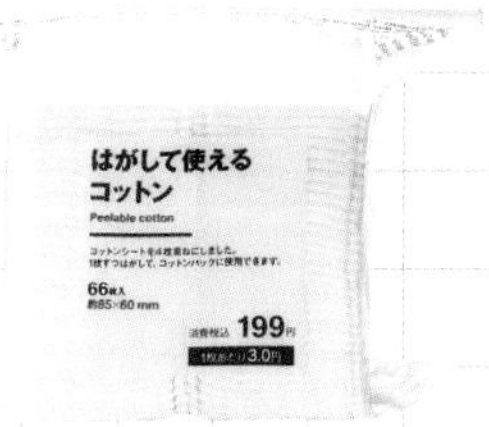

はがして使えるコットン

66枚入 199円

シートパックをするときにはがれやすくて、肌心地もよい。朝晩消費するので、このお値段はありがたい。外袋がジップ式なのも◎。

＊今春仕様変更予定

薬用知覚過敏ケア歯みがき粉

100g 490円

「歯がしみる」と言い出した夫に購入。一般的に、機能重視の商品は外装の主張が強め。こちらは静かな佇まいでノイズになりません。

薬用ホワイトニング歯みがき粉

100g 490円

シンプルパッケージで刺激の少ない歯磨き粉。ホワイトニングしたい夫と「ほしい!」の合致した一品です。ワンタッチのフタがいい。

携帯用メガネ拭き

14枚入 80円

とてもきれいに拭けるのでずっと愛用。メガネケースに入れやすいサイズもよい。捨てる前に鏡や窓ガラスの曇りを取って、ポイ。

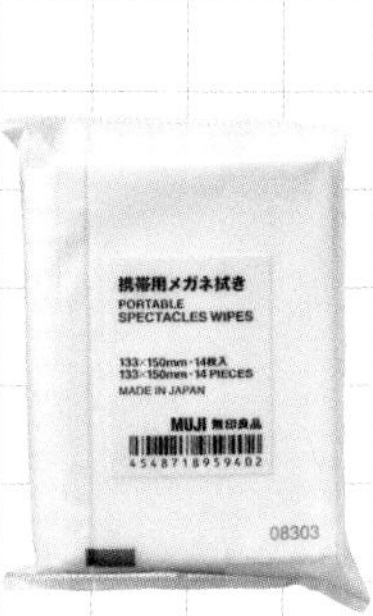

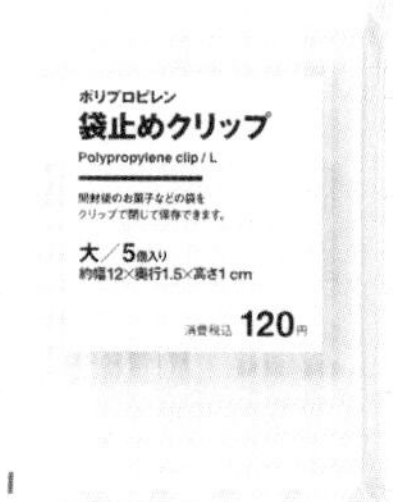

ポリプロピレンケース用滑り止め 小

4個入り 290円

棚に置いて使うポリプロピレンケース引出式には、この滑り止めをつけます。開閉時に安定するのでスムーズ、ストレスフリーです。

ポリプロピレン袋止めクリップ

大5個入 120円

食品の袋をとめておくのに。カラフルなものが多いなか、これほど脇役に徹してくれるデザインはありません。お値段も尊い！

貴金属みがき

5.5×9.5㎝ 3枚入 199円

これでシルバーなどを磨くと、驚くほどピカピカに！ 使いやすいサイズで、汚れたら気軽に交換できるのがよい。

短冊型メモ チェックリスト

40枚 14行 150円

TODOリスト、買い物リスト、ときに頭の中のもやもやを書き出して見える化。胃腸炎になった息子の病状メモにも使いました。

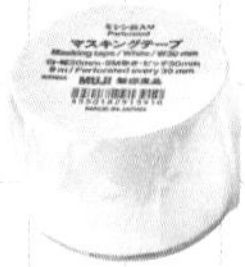

ミシン目入りマスキングテープ 白 幅30㎜ 9M巻き

290円

情報量が多いとき（例：12/3とりもも「塩麹づけ」等）は太い方を使用。ガムテープ感覚で封に使ったり、伝言メモにしたりすることも。

ミシン目入りマスキングテープ 白 幅15㎜ 9M巻き

190円

キッチンに常備し、調味料の開封日やおかずの作成日を書いて貼っています。「もう食べきらなきゃな」とわかり、食品ロス防止に。

キッズ足なり直角 靴下 黒／ライトグレー
15~19㎝、19～23㎝ 390円
2歳差兄弟の靴下は、生まれてこのかた無印良品。黒が兄、ライトグレーが弟と決めているので、本人も世話する人も認識しやすい。何足か持っていてどれも同じなので、たとえ片方どこかにいったり穴が空いたりしても無事な方同士で組めます。

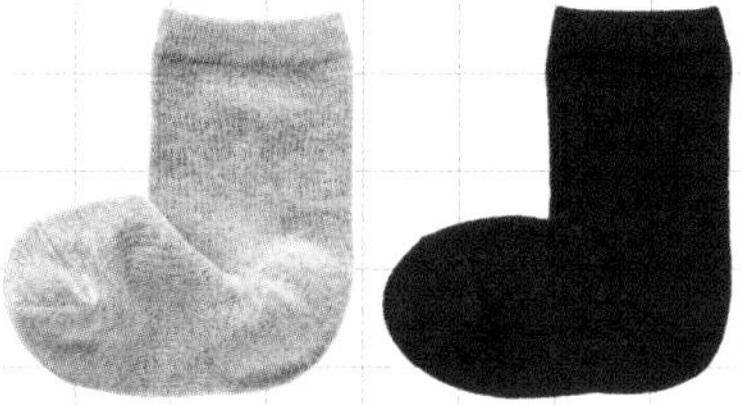

たくさん消耗するからこその配慮がうれしい日用品たち

消耗品のラインナップがどんどん充実してきている無印良品。最近では、買い物メモに「無印」のカテゴリーをつくることが多々あります。スーパーで買い物をするときのように、たくさん仕入れるべき品物があるから。

いろいろ使ってきましたが、なにしろよくないと思った消耗品がないのです。まさに良品。

パッケージや商品自体のシンプルさが唯一無二で、そのあたりに出しっぱなしにしていても、ストックの束を目にしても、存在に静けさがありうるさくない。それらは必要最低限であり、原材料に配慮がある。たくさん使われ続ける消耗品だからこそ、ちゃんと考えられているという信頼感があります。使い続けていいのだという、安心感があります。

価格も、とても努力してくれているなあと思うのです。ムダをそぎ落としていった結果を価格に反映してくれているのだと思うと、本当にありがたい。

無印良品での買い物は人生の愉しみ。買えるものが増えるにつけ、頬がゆるむのを抑えきれません。

ほっ
店舗では欲しい消耗品の売り場をたどって、途中で「あ、これも！」とさらに買うものが見つかる。もはやスーパーです。

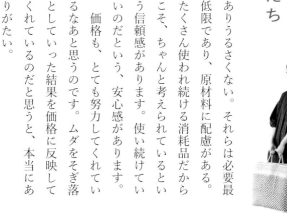

本多さおり流

無印良品の歩き方

2022年、関東最大級の「無印良品 板橋南町22」がオープンしました。4階建てのフロアすべてが無印良品！ 都内では、銀座店、東京有明店につぐ大型路面店の誕生です。いつもの店舗でも知らない店舗でも、あれば入ってしまう無印良品ですから、ここに吸い寄せられる力には抗えません。上から下までたっぷり満喫してきました。

START

①まずはインテリアフロアの最上階から！

②ステキなインテリアの数々がお出迎え

③家具とその合わせ方展示が充実

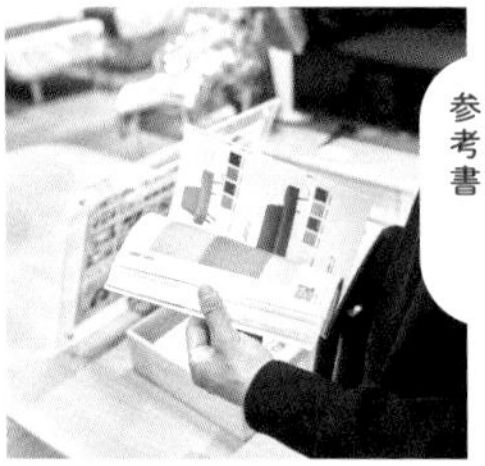

④すごく分厚いカタログ発見

グレーを6個も買ったけど、黄色もかわいいなあ

⑥鮮やかな色展開もある梱包用バンドバスケット

吊るし方、うちでも取り入れよう

⑤店内にはグリーンがいっぱい

⑧

竹材ラック、うちならどんな使い方ができるかな…

気になりすぎる、竹シリーズ

⑦128ページで開発担当の方にお話を聞いています

⑩

やわらかマルチクッションに、ミニが出てる！

布もの、つい家に連れて帰りがち

こんなにいっぱい重ねられるとほしくなる…

⑨いくつあっても使えるやわらかポリエチレンケース

いつか使ってみたい、憧れの体にフィットするソファ

⑪いつもの商品に加えて、イデーのソファやプーフも見られる板橋南町22

⑫
よっこらしょ…ちょっとだけ

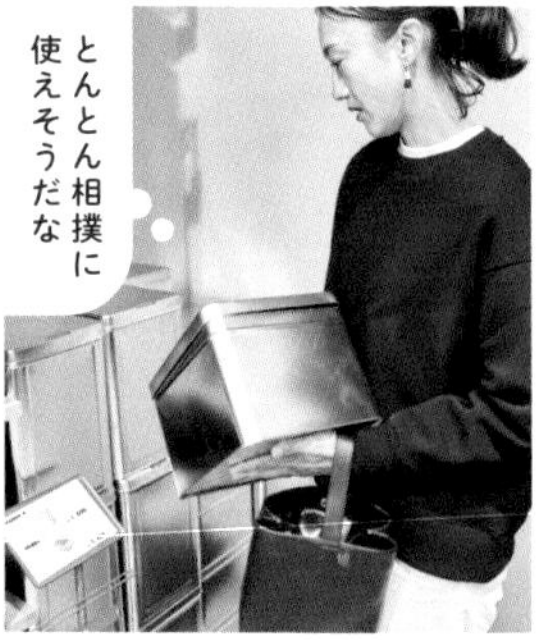
とんとん相撲に使えそうだな

⑬他店ではあまり見られない商品も。煎餅缶のようなボックス

この工夫が無印良品!

⑭マグネットバーでポケットもつけやすく、取りやすく

3階に降りてきました

⑮グリーンコーナー。センスのよいかわいい植木がたくさん

これいいのよね〜

⑯敏感肌用クリーム化粧水、愛用してます。詰め替えも発売されてますます使いやすい

プレゼントにもよさそうだなあ

⑰ダウンケープのデザインが更新されている!と発見

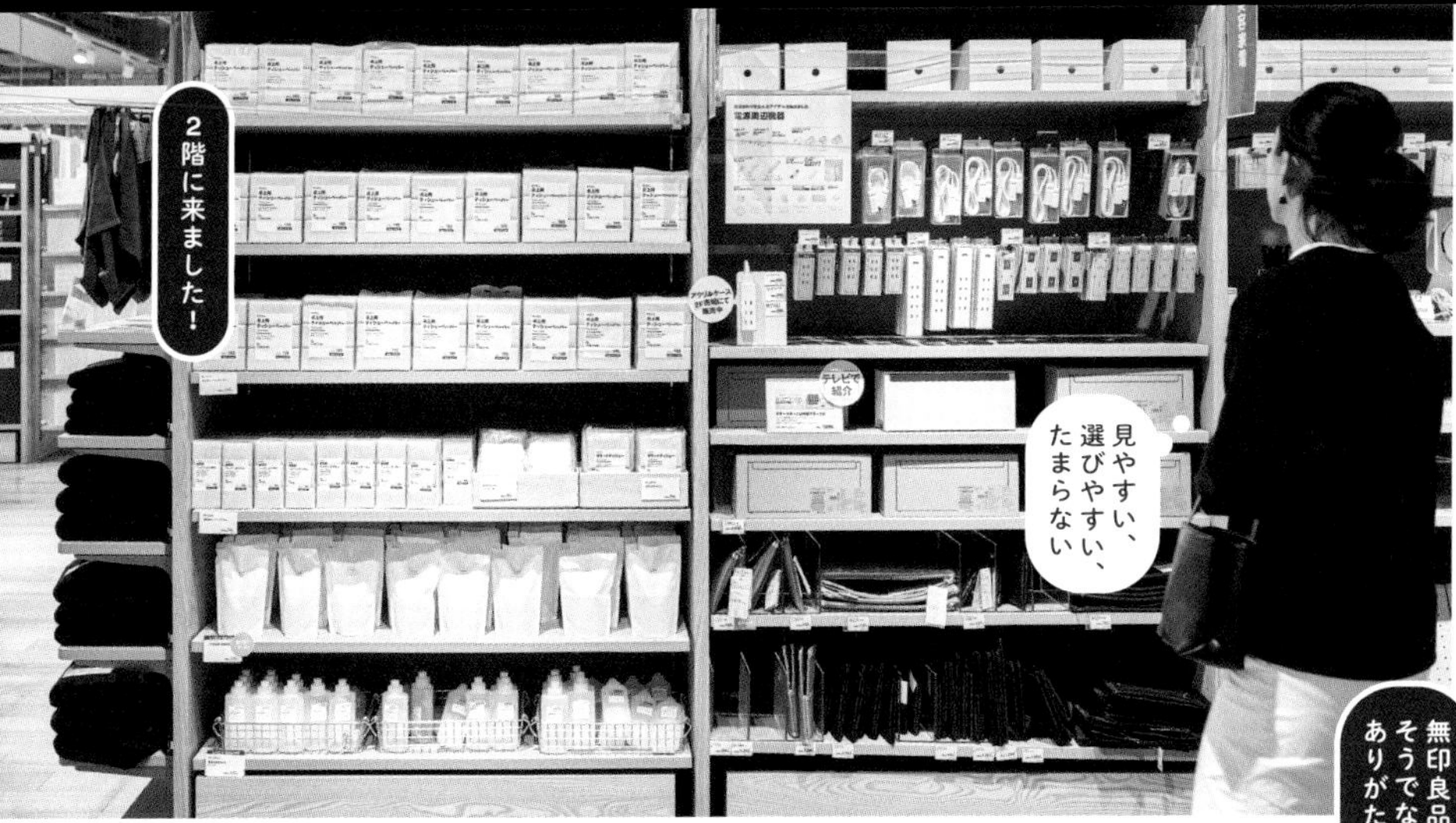
2階に来ました！
見やすい、選びやすい、たまらない
無印良品マニアにも、そうでない人にもありがたいよね

⑱小さい商品にもしっかりスペースが取られているのが、大型店のよいところ

⑲どの商品も、サイズ展開をいっぺんに見られて楽しい

毎日、トイレでめくってます

⑳文具コーナーで新商品発見！
日めくりカレンダー

生活の楽しみが詰まってる！

㉑Found MUJIコーナーの充実は大型店ならでは

これはステキ！たまにはスカウト買いしちゃお

㉒竹編みのかごに一目ぼれ。収納用品は
2つ並べたいから2つ購入です

スライサーずっと気になってます

㉓ほかでよくある商品が無印良品だとどうなるか、を見るのが醍醐味

㉔イートインスペース手前に野菜コーナーが！

㉕MUJI Kitchenで本
格的なハンバーガー＆
クラフトビール

だから やめられない 無印良品パトロール

本好きが本屋に、アート好きが美術館に行くように、無印良品好きは無印良品に通います。とくに買うものの当てがなくても、先週行ったばかりでも、たまたま見かけたよその街でも、そこに無印良品があれば入るのです。

だって必ず、「なにこれ！なるほどね～」と感心するんだもの。「うちならどう使うかなあ」と妄想の翼が広がるんだもの。そんな瞬間が、何より楽しい悦タイム。幸せホルモンがぶわ～っと放出されているのを感じます。

店内では、「新商品」のタグがついたものを軸に見て回ります。今までこの世になかったアイテムはもちろん、すでにあるものを無印良品がつくるとどうなるのか？に興味津々。どの商品にも、デザインと機能両方の信頼があるから、うちで使うなら？のイメージがわいてきます。

とくに「おっ」と思う収納用品を見つけたら、「試さなきゃ！」といそいそ持ち帰ります。「君には可能性しか感じない」などとつぶやきながら。今回、板橋南町22店で見つけた竹かご（前ページ22参照）はさっそくキッチンのパントリー棚でお茶と根菜を入れています。目に入るたび、「ウフッ、かわいこちゃん♡」と心華やぐのです。

どーんと大きい板橋南町22店は、フロアやゾーンごとにワクワクのとまらない、まさにテーマパークでした。種類の豊富さ、壮観な陳列法、イデーなどの珍しいラインナップ。おいしいクラフトビールもいただけて、近いうちの再訪を心に誓ったのでした。

6

子どもと無印良品

Kids and MUJI

子どもが成長するにつれて、新しいアイテムが必要になっていきます。
そのたび、うきうきしながら
「しっかり吟味したい！」と意気込んでいます。
短期的に使うものにはそのとき子どもが好きなキャラもの。
長期で使うものはシンプルで飽きのこないもの。
子どもの生活にも無印良品が活躍しています。

子どもと無印良品と暮らす

布団カバーは白がいい

寝具の布ものは、断然白が好みです。よいホテルの真っ白な寝床を思わせて、この白い世界に「寝るぞー！」とダイブするのは至福のとき。洗って干すときも青空に映えて、向こうに見える緑の風景とも爽やかにマッチします。次男は鼻血を出しがちですが、ちょっとついただけで目立つので、すぐにきれいに落とせるのもよいところ。清潔を保ちやすい色、という安心感があります。白なら、「今日はこの色の気分じゃない」とかありませんしね。

ほ

子どものパジャマと下着は脱衣所の引き出し収納に。長男8歳、次男6歳、自分たちで取って着替えるようになったのはつい最近。長かった……。

パジャマは自分で取る

わがやでは夕飯前に入浴を済ませるので、子どものパジャマ姿を見ている時間が長いのです。だから、それは私自身がくつろげる色合いであってほしい。落ち着いた風合いで、かわいらしい無印良品のパジャマはその望み通り。脱衣所におのおのの引き出しがあり、下着とパジャマは自分でとって着替えます。

•MUJI's items•

脇に縫い目のない　二重ガーゼパジャマ（キッズ）、
ポリプロピレン収納ケース・引出式

かゆいところに手が届く

これぞ「無印良品」な鉛筆キャップ

一見、ただの筒なんです。両側に鉛筆を入れられる、というだけ。でも例えば、片方は鉛筆のおしりに、片方は頭につけると長い1本となり、ペン立ての中で埋もれません。ペン立ての底を汚すこともない。もちろん、普通の鉛筆キャップとして使ってもいい。これぞ、無印良品の思想。これ「で」いい、十分に機能する。鉛筆が長い時から、短くなるまでずっと活かすことができる。これだけシンプルな商品に、時間の「今」だけでなく「先」がある。そしてみみっちく見せないデザイン。これって、本当にすごい！

•MUJI's items•

両端がつかえる鉛筆キャップ

キャップもカードケースも、子どもと大人どちらが使っても違和感ないアイテム。それが無印良品のすごいところ。

ランドセルから外さずピッ

長男が自分で家のカードキーを持つようになったので、ケースを探していました。リールが伸びてランドセルから外さず開錠できる、しっかりとしたつくりの、シンプルでかっこいいデザインのもの。ふと無印良品を見たら、ここにあるじゃない！　間違いなしです。

爪切り小が子どもにぴったり

まっすぐなフォルムかつソリッドな色味がニクい爪切り。どこかに丸みやくぼみができたとたん、好みでなくなる不思議な現象があります。大の方を10年以上愛用していますが、切れ味の衰えない優れもの。子どもの小さな爪にちょうどよいと、小も購入しました（大は現在車内に常備）

玄関に置けば塗り忘れない

毎年春先にうっかり焼けてしまい、「ああもう日焼け止めの季節だ！」とあわてます。日焼け止めは置き場所と、塗りやすい容器であることが重要。外に出るときにサッと塗れるよう、ポンプ式を靴箱の上に配置。目立つ場所だから、シンプルなパッケージがありがたい。

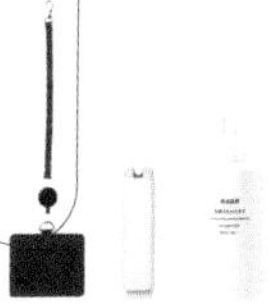

•MUJI's items•

ポリエステルのびるカードケース、スチール爪切り・小、敏感肌用日焼け止めミルク

壁を活用しよう

子どもの絵を立派な作品に

かわいい子どもの絵は、取っておくならちゃんと愛でたい。しまいこんで二度と見ないのでは取っておく甲斐がありません。マグネットで簡単に挟めるこのハンガー、そのまま貼るより「作品」の趣がアップ。しばらく飾ったら写真に撮って処分し、新しい絵を挟みます。

カレンダーを飾るのにも

「北欧、暮らしの道具店」のオリジナルカレンダーは、アートを飾る感覚で、まだ新年にもならない秋口から飾っていました。こうしてハンガーに飾ることで、子どもの絵と同じように特別感が増します。「これが好き」「だから飾ってます」という意識が表れます。

•MUJI's items•

おえかきマグネットハンガー 大/小

子のいる家に多い「テープで壁にペタリ」。気づけば壁がテープだらけ！　が生み出す生活感。そんな生活感を感じよく変えてくれます。

トイレの壁は展示場

トイレの壁に、学校のおたよりや、共有したいイベント情報などを貼っています。ここにあると、自然と繰り返し読めるから。この画鋲は針が細くて、ザラッとした壁ならなおさら、いくら刺しても跡が目立ちません。ヘッドも涼やかな半透明で目立たず、気兼ねなく使えます。

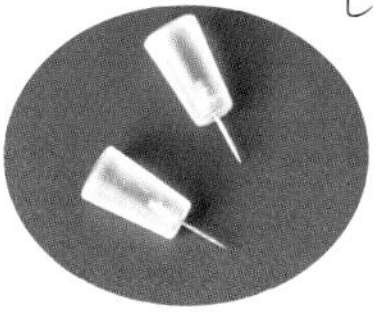

イベントの日時が書いてあるプリントを時系列順にボードに挟み、冷蔵庫側面に吊るしています。上面ほど直近。イベントが終わって捨てると、次のイベントの詳細が表れます。透明な板にシルバーの金具でさりげない存在感。目立つところにあっても気になりません。

ボードに貼ってうっかり忘れ防止

•MUJI's items•

針が細い画鋲、アクリルクリップボード

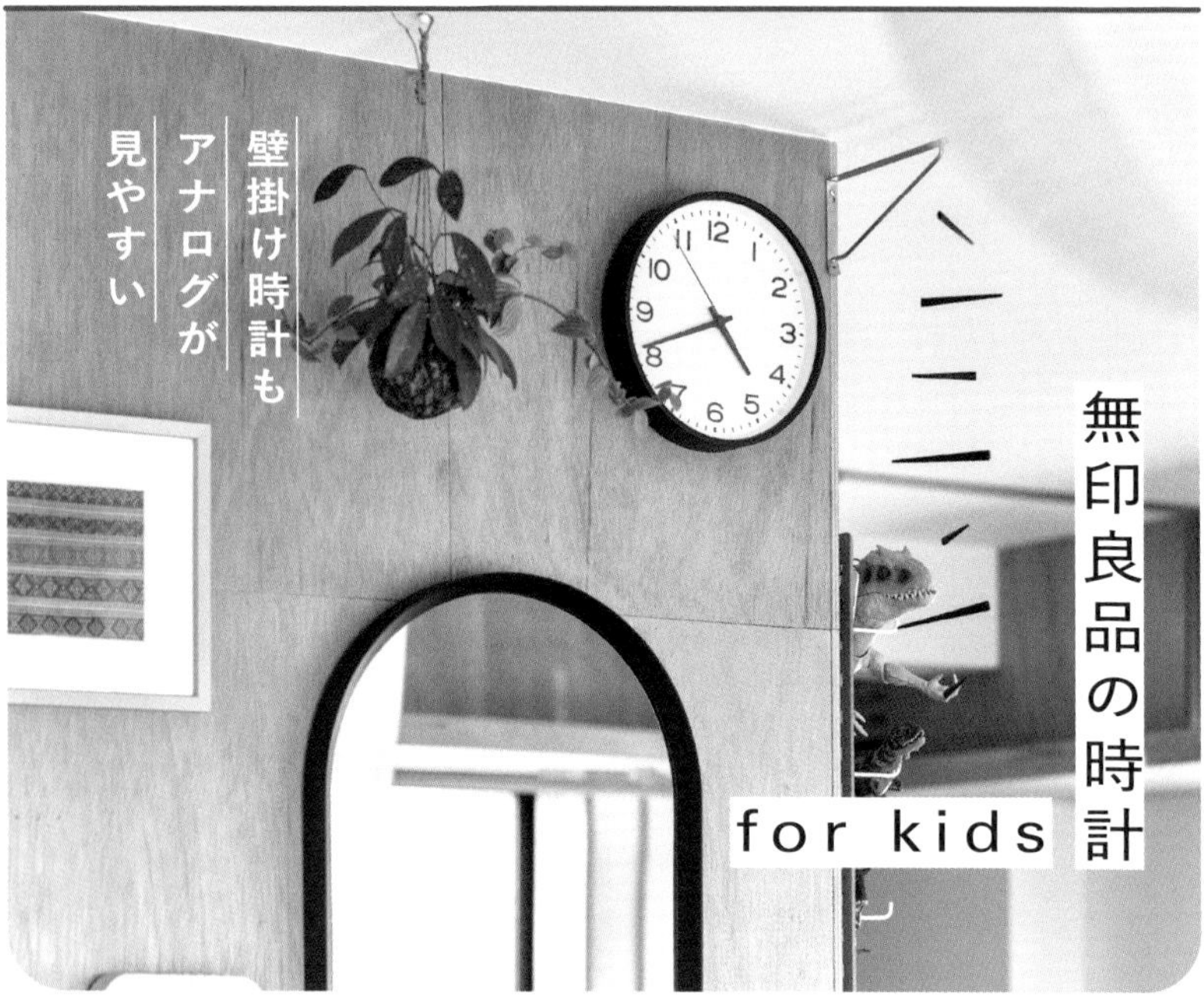
壁掛け時計も
アナログが
見やすい
無印良品の時計
for kids

長男が小学校に入学するにあたり、時計を見て自分で行動できるようにと購入しました。この時計は数字も秒針もしっかり書かれていて見やすいデザイン。どんな人でも読みやすいようにと計算しつくされた、シンプルの結晶なのだと思います。

小学校1年生は算数でアナログ時計の読み方を習います。時計になじみ始めた子どもにはぴったり。

この家に引っ越してきたときに、寝室スペースにかけようと購入しました。起きてすぐ、パッと何時か見られるように。周りの家具や窓枠の黒に合わせてカラーはブラックを選択。その後リビングに移しましたが、子どもが見やすいよう、もう少し下にかけようかとも思っています。

•MUJI's items•
アナログ時計・大　ブラック

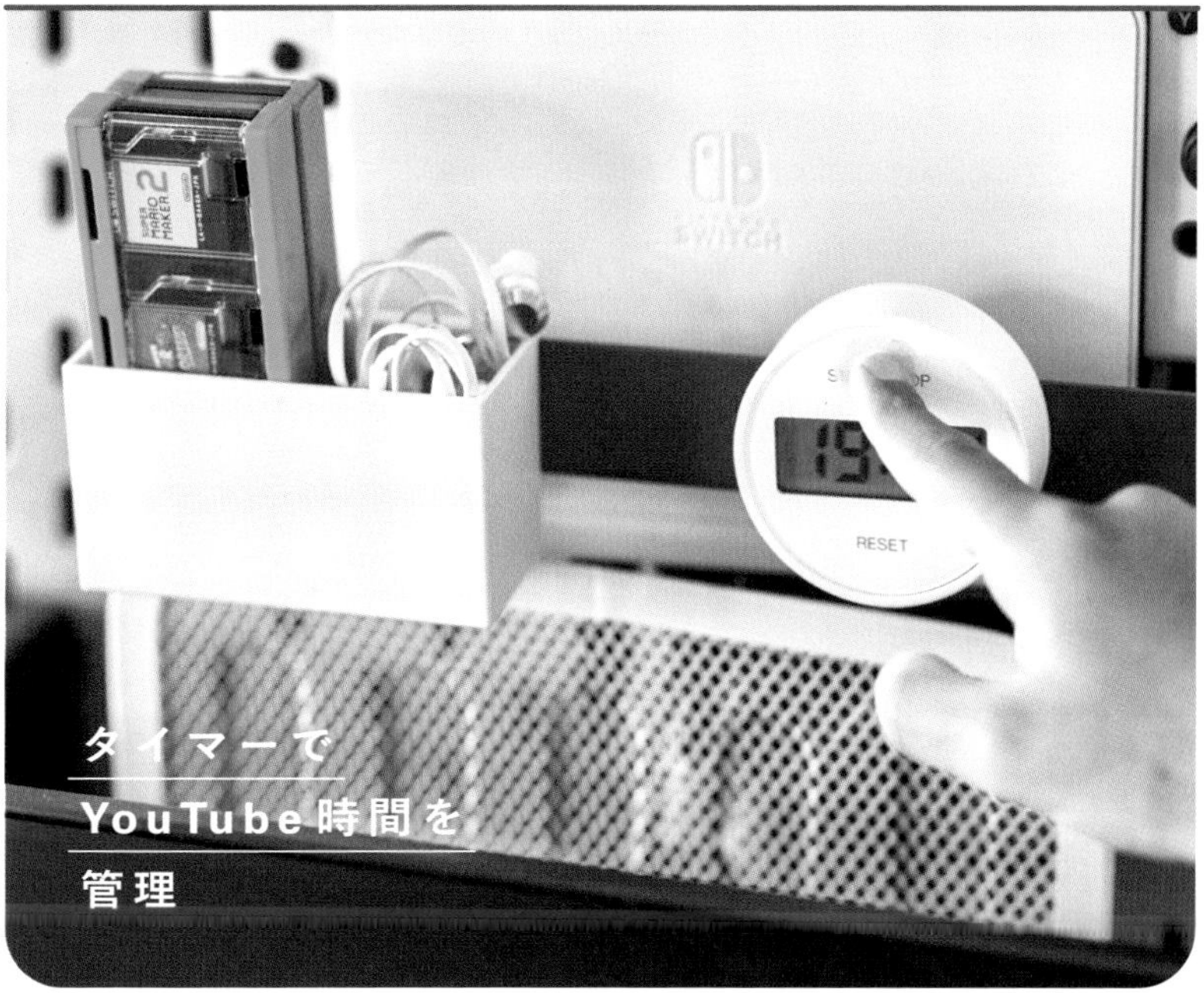

タイマーで YouTube時間を 管理

子どもの動画視聴管理のためにストップウォッチを探していたのですが、気に入るデザインのものに出会えません。思い出したのがこのキッチンタイマー。回すだけで簡単にセットできて、操作もシンプル。マグネットで貼れるのでゲーム機の入ったスチールポケットが定位置です。

わがやでは、20分間動画視聴やゲームのできる「YouTube券」を発行し、兄弟それぞれに1日3枚支給しています。時間があやふやになると価値がなくなり管理できなくなるので、子どもがしっかり時間を計れることが肝要なのでした。

ほ

キッチンタイマー、実は2代目。初代はまさにキッチンで調理のリポート。子どもの成長で、まさかこんな用途で再びお世話になるなんて。

•MUJI's items•

ダイヤル式キッチンタイマー

収納

2つ並べて片方は子ども用、片方は大人用のお菓子入れにしています。透明な仕切りを入れて、各空間に個包装の菓子を詰めるのは楽しい作業。子どもはここから3つを選べる仕組みです。ラタンバスケットはどこにでもなじんで質のよい空間をつくり出す、間違いのない定番品。

発売されたときには「待ってました！」とコーフン。外遊びに出かける際にボールや水筒などを放り込んで車にのせ、帰りはスーパーに寄って買い物かごとして使用します。上品な色なので玄関先に置いておけて、店名などが入っていないからどのスーパーでも使いやすい。

•MUJI's items•
重なるラタン長方形バスケット・小、ポリプロピレン 買い物かご

ほっ

スチールタップ収納箱は、ＰＣ周りのコード収納にも◎。マウスやタッチペン（フタにペタリ）、電卓なんかも一緒にしまってデスクスッキリ！

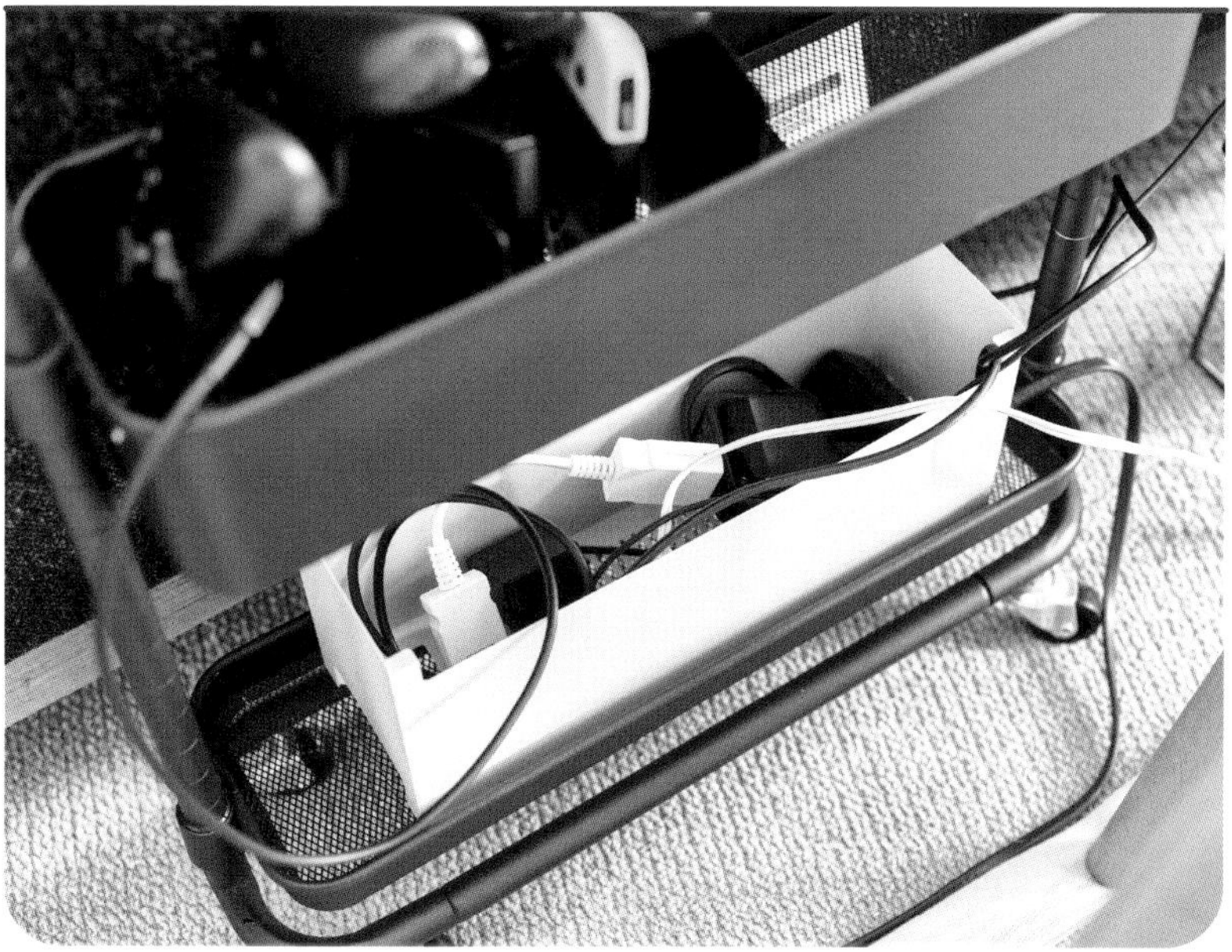

始末に困る コードをスッキリ

スリムなワゴンをソファ裏に置き、ゲーム機関連を収納しています。ライトやプロジェクターのコードも集めて、電源タップで一元管理。ホコリがつかないようないいボックスはないかと探してはいたのですが、機能が見合っていても余計なデザインが施されたものばかり。無印良品から「上が開いていてコードが出ます。以上」という箱が出たときには拍手喝采でした。

フタをすると…
ゴチャゴチャが見えなくなりスッキリ！

•MUJI's items•
スチールタップ収納箱フラップ式

身につけるもの

こればっかり！な子ども服

無印良品の半袖Tシャツは気軽に買えるお値段ながら、丈夫で汗をしっかり吸ってくれる夏の定番。柄がシンプルなので、さりげなく兄弟や親とおそろいに。ボトムはちょっといいお値段だけれど、長く使えてコスパは最高。はき心地がよさそうで、シルエットもかわいい。小学校低学年と保育園男児の夏服は、学童や保育園の置き服含めトップス8〜10着、ズボン6〜7枚で回しています。

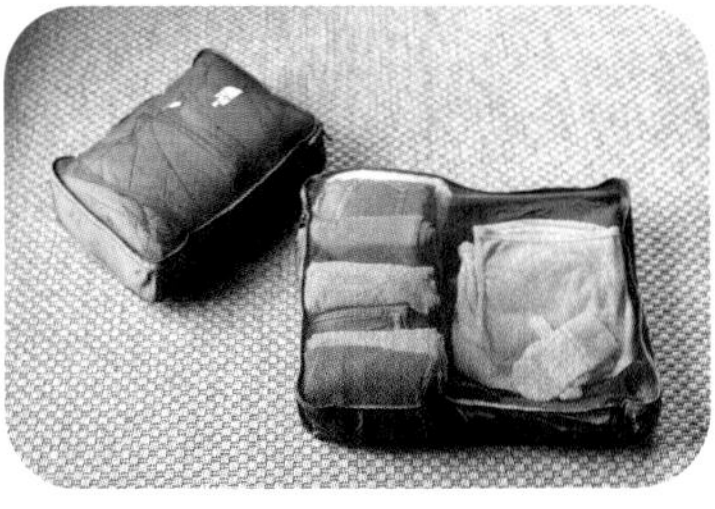

メッシュで中が見えるから

長男のお下がり、兄弟のかさばるダウンのアウターは仕分けケースでギュッと圧縮して保管。旅支度はもちろん、ファブリックや赤ちゃん用おもちゃなど、「わかりやすくまとめたい」「すぐにしょっちゅう使うわけではない」ものを保管しやすい四角い塊にしてくれます。

•MUJI's items•
クルーネック半袖Tシャツ、デニムパンツ（キッズ）、
ポリエステルたためる仕分けケース

子ども用とは言ってないけど

以前は42cmのハンガーだけでしたが、子どもが生まれて33cmを増やしました。当時の〝子ども用ハンガー〟は、どのメーカーのも大変カラフル。アルミハンガーのシンプルさがありがたかった！　子ども服のかわいらしさをジャマしません。風に揺れる小さな服の愛らしさは格別です。

高さがほどよく、洗面台で水を入れられます。その分幅が広いので、いろいろ突っ込めるのもよいところ。子どもと自分の靴を入れてコインランドリーへ運ぶのにも。普段はここに洗剤を溶かし、上履きを放り込んでおいて入浴時に洗います。いかにも〝よごれもの〟に見えない色味がうれしい。

入れやすい、置きやすいバケツ

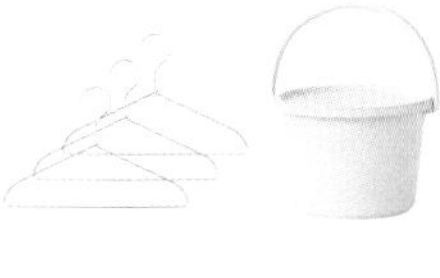

•MUJI's items•

アルミ洗濯用ハンガー（約幅33㎝）、ポリプロピレンバケツ・フタ付（7.5L）

小腹が空いた時の子どもごはん

みんな大好き！カルボナーラ

　ご飯の用意に取り掛かろうか……というタイミングで「腹減った！」と言われる恐怖。成長した今は事情を汲んでもくれるけど、少し前まで早くしなきゃと大焦りでした。そんなときに、サッと温めて麺やご飯にかけるだけのレトルトは救世主。休日の昼食や、やる気のない日の夕食にも大助かりです。

　とくにカルボナーラは子どもたちのお気に入り。手軽にお腹を満たしたいとき、親はその辺の残り物でもいいけれど、子どもはそうはいかないから。「紅ずわい蟹のトマトクリーム」は私のとっておきだったのに、子どもに横取りされてしまったことがありました。これも、お助けレトルトに認定です。

•MUJI's items•

素材の旨みひきたつパスタソース カルボナーラ

無印良品で、子どもにヒットする食品をもっと開拓したい。やる気が出ない、時間がない、そんなときの味方を増やしたいのです。

子どもたちは、混ぜご飯のおにぎりが大好きです。「さばと昆布」のふりかけをご飯に混ぜて、ちょいとゴマ油とゴマを足して握れば絶品。このふりかけでなら、兄弟ともにパクパクと食べてくれます。お魚を気軽に取り入れられてありがたい。

すぐにお腹がすいたり、食べたりふらついたりとせわしない子どもたちには、ホイッと渡せるおにぎりを用意しておくと安心なのです。

こちらのふりかけシリーズは、丁寧につくられているなあと感心するものばかり。開発した方にお話を聞いたことがあるのですが、本当にこだわっていらっしゃる。その熱い思いへの信頼も相まって、大好きなシリーズです。

•MUJI's items•
素材を生かしたふりかけ　さばと昆布

主役は「人」だから家づくりとも共通する無印良品のビジョン

言われてみれば、の存在感

家のなかに無印良品のものはたくさんありますが、「言われてみればこれも無印良品か」という感じ。存在を忘れているものばかりです。というのも、裏方仕事をしているものがほとんどだから。ごみ箱、収納ボックス、引き出し、文房具、キッチンツール……数え上げたらきりがないし、今見つけていない無印良品のものがまだまだありそうです。

建築家には、無印良品を使っている人が多いと思います。きっと理由は僕と同じで、脇役に徹してくれるから。

お話を伺った人

長澤徹さん

東京都立大学建築学科卒業後、積水ハウス株式会社。2012年、ポーラスターデザイン一級建築士事務所を設立。住宅の設計及び監理業務を担う。本多家のリノベを担当。19、20年度グッドデザイン賞、24年埼玉県環境住宅賞優秀賞受賞。

「ここで買えばOK」な店がある安心

無印良品のものづくりの軸は、「これがいい」ではなくて、「これでいい」。100点を求めるのではなく、70点ぐらいがよいという方向性なのではないでしょうか。「よいデザイン」というより「ふつうのデザイン」であり、幅広い人たちに受け入れられることを主眼につくられていると感じるんです。

僕はもともとハウスメーカー出身なこともあって、アート作品ではなく工業化製品を好みます。家で使うものについても、それが主役になるのではなく、人が主役。住む人がしたいことに、集中できるものを選びたい。

無印良品のものは本当に、気配を消してくれるので助かります。このものたちがみんな裏方に回ってくれるおかげで、事務所の輪郭がしっかりと見えてきます。

デザインは、恐ろしいくらい検討されている。そして個性がない。著名なデザイナーが関わっている製品でも、名前を前面に出さずにつくられている。無印良品のもののレベルがいかに高いかを物語っています。

だから、考えなくていいわけです。自分で選ばなくても、「無印良品で買っておけばOK」と信用できる。事務所や家に置くものとして安心感があります。妻も無印良品には信頼をおいていますよ。日用品や化粧品など、一緒に行くといつのまにかカゴがいっぱいになっている。

一方で、あんまり無印良品にこだわりすぎて、ここでしかものを買わないというのはもったいないですよね。黒子となるべきものにスポットライトが当たりすぎてしまうのは、少し本末転倒な感じがしてしまうのかもしれません。

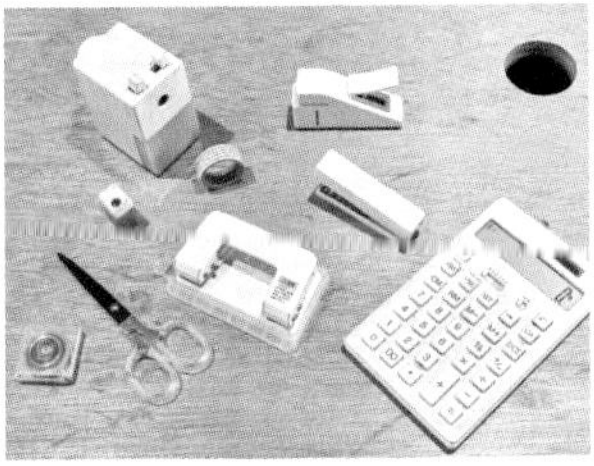

文房具はほぼ無印良品。ほかの店でものを探すと、欲していないデザインが施されていたりして探すのが大変。部屋に余計な情報をいれたくないので、無印良品へ行くのだそうです。

「ポリプロピレン小物収納ボックス」を並べて、細かい文房具を収納。ラベリングしていないけれど半透明なのでなんとなくわかる。

オープン棚にずらりと並ぶ本を支えるのは「スチール仕切板」。丈夫なスチールが頼もしい。

ラベリングしていないから目的の資料になかなかたどり着かない、と笑う長澤さん。でも探しているうち、忘れていたほかのタスクを思い出すきっかけになっているからよいのだそう。「穴に指を入れたとき、痛いものは古く、痛くないものは新しいファイルボックスだとわかります」。穴ひとつにしても進化が見られます。

家づくりにも通じる「普通」

いつも、住む人が家に対して何も感じないくらい「普通」の家をつくりたいと思っています。でもその普通が、じつは難しい。

人が「普通はこうですよね」と言うときの「普通」には、多分に理想が含まれています。その普通というレベルに至っている必要があり、簡単なことではありません。普通は決して「ちゅうくらい」ではない。それは無印良品の「普通」と共通する、などと言ったらおこがましいですが。

僕がつくるのは、依頼してくれた個人に向けた注文住宅です。けれどそれは、できあがれば町の中の1軒になります。個人のものというだけでなく、公共のものという側面があるということ。周りに住む人たちにとっての「普通」の中に、その家がちゃんと溶け込んでいるか。施主さ

←調理道具やスケール、水筒などキッチンにも無印良品多め。白黒とステンレスのシルバーで統一感が生まれています。調理台ともマッチ。
↓2階には家族の寝室が。「脚付マットレス」に、ボックスシーツや布団カバーも無印良品。信頼をもって1カ所ですべて揃えられる便利さがあります。

ランドリースペースに「スチールユニットシェルフ・スチール棚セット・ワイド・小」を置き、「やわらかポリエチレンケース深／大」を並べてタオルなどを収納。白でまとめられた清潔感あふれる空間です。

んの求めるものでありながら、社会に向けてもつくっていく必要があるんです。だから「いい家」というのは、多くの人に受け入れてもらえている家だと考えています。

無印良品は、個人あてというより社会に対してものをつくっている会社だと思います。ほとんどのものが、公共物だと思ってデザインされていると感じるんですよね。

無印良品で見つけた防災用品

東日本大震災が起きたのは、無印良品でアルバイト店員をしていたときでした。スーパーからものが消えて、無印良品にも食品や電池、ライトや生活雑貨を求めて人が押し寄せてきました。店側として人々のパニックを見て、自分も焦ってきたのを覚えています。

慌ててしまうのは、備えていないから。あの経験で、本当に必要なものは何かを多くの人が知ったのではないでしょうか。時がたつにつれだんだん意識は薄れていくけれど、体験したことをいかして備えていたいと思います。

食料品やペーパー類は、あれから収納スペースを増やしていつも多めにストックするようになりました。ローリングしないものは、玄関土間の硬質パルプボックス（販売終了）に収納しています。無印良品の、長期保存できる水と非常用トイレ。いざのものでもデザインがよいのが嬉しいところです。日常的に足を運ぶ店で買えるのもよいところ。

水は定期的にウォーターサーバーのストックが届くので、とりあえずこの量。このほか、必要なものがあらかじめ揃えられた市販の持ち出しリュックがひとつ。

ただ、今回このコラムを書くにあたって、これで安心してはいけないなあと思いました。開けて見てみないと、何を備えているのかいまいち把握していなかったのです。中のもの、量、期限をラベリングをして、「備えているから安心できるもの」「今後足しておくべきもの」が外から見てわかるようにしようと心新たに考えています。

7

リラックス

Relax

自分にとって、家族にとって一番安心できる場所であり、
がんばった心身を休められる場所が、
家です。
思う存分リラックスできるように、
肌心地のいいファブリックやウェア、
おいしいものなんかを用意しておかなくちゃ。

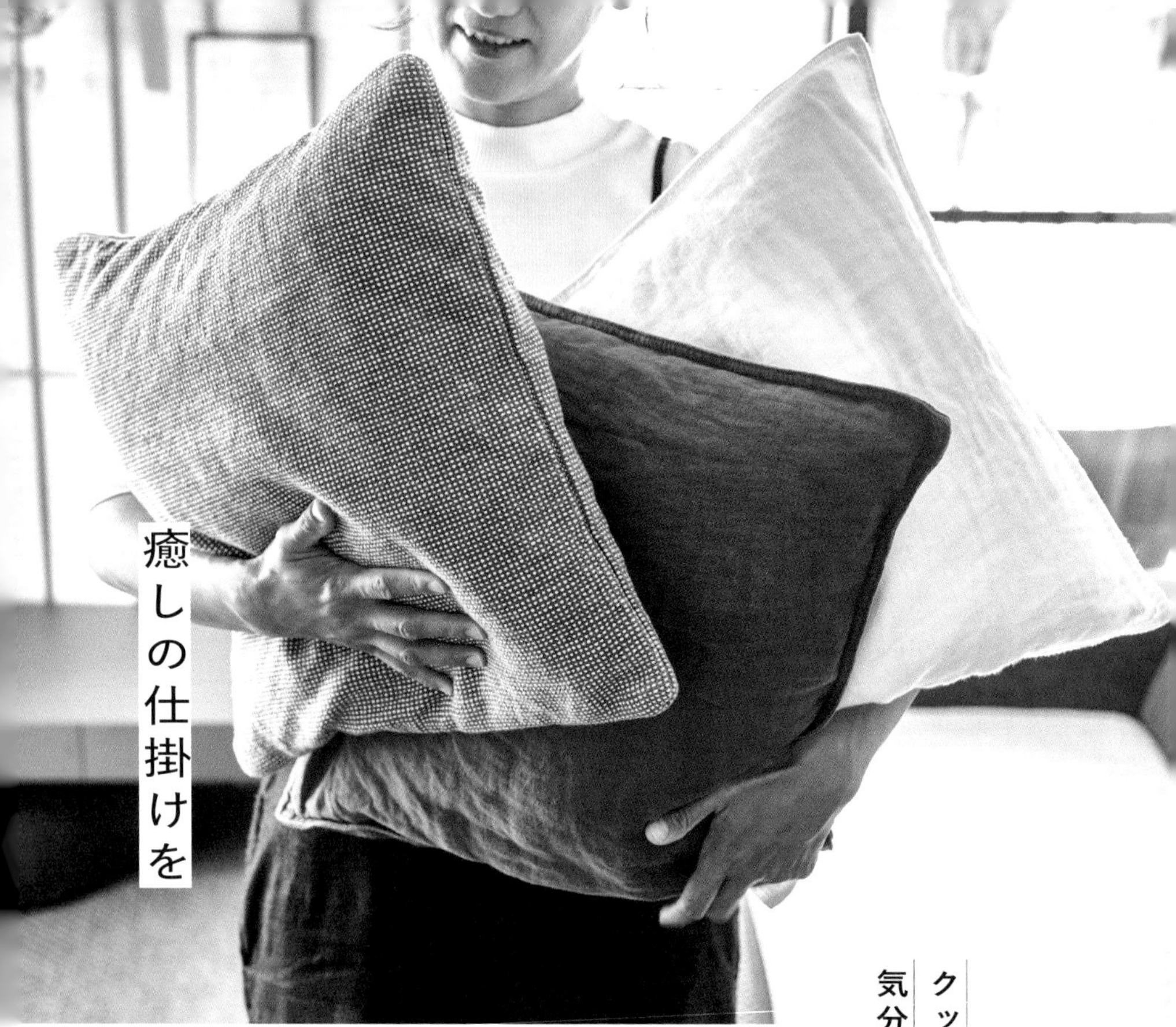

癒しの仕掛けを

クッションカバーで気分を変えて

ソファの上に3つクッションを置いています。カバーはほとんどが無印良品のものです。部屋全体の色のバランスを考えると、色はモノトーンが妥当。「差し色」というものに憧れはするのですが、難しくて冒険できないでいます。その分、素材や肌触りであれこれ選んでみたり。季節の変わり目にはクッションカバーのコーナーに行くのが楽しみ。ささやかな部屋のイメチェンが叶いますね。

•MUJI's items•

クッションカバー

気分転換を求めて立ち寄るコーナーがクッションカバー売り場。季節ごとで雰囲気ががらりと変わるので、毎シーズンのお楽しみ。

冬場の朝は、ソファに敷いたシートの電源をつけてから子どもを起こします。布団から出た子らはこの上に乗って、徐々に目を覚ましていきます。夜におしりぽかぽかでプロジェクターを見るのもお楽しみ。リビングの幸福度が上がりました。仕事の際に、いすにかけて使うこともあります。背中とおしりがあたたかいと暖房をしっかり効かせなくても大丈夫。省エネしながらぬくぬくです。

•MUJI's items•

ソファで使えるホットシート（季節限定商品）

コーヒーを飲みながら

コーヒータイムでリラックス

お茶よりも、コーヒー派です。がぶがぶ飲むわけではなくて、しっかりと濃いコーヒーを少量ずつ飲みたい。熱いのが好きなので、朝まとめてつくったコーヒーをポットに入れて保温しています。カップにつぐときも、冷めないように少しずつ。チョコ菓子や焼き菓子を食べるときには、必ずコーヒー。お菓子をよりおいしく楽しむことができます。

香ばしくて苦みが強め、酸味少なめが好みです。豆を買って来たら開化堂の茶筒に移して、香りよく保管します。

•MUJI's items•
コーヒー豆

若いころはいろんなレターセットに目移りしましたが、今は「真っ白が一番」。どんなシーンにも使える「これさえあれば」は心強い。

ときには手紙をしたためて

整理収納サービスでお客さまの家に伺うと、レターセットにときめいていた少女時代の名残がごっそり出てきたりします。その気持ち、わかるなあ。

けれどファンシーなものは改まったシーンで使うことはできないし、友だちに手紙を出す機会もだいぶ減りました。だからこそ、シンプルでいかようにも使える便箋と封筒があれば十二分にまかなえるのです。

年に数回、友人に手紙を書くことがあります。相手のことを考える温かい時間。ちょっとイラストを添えたり、大好きなＳｕｉｃａペンギンのスタンプを押したり。何の飾りもない便箋だから、そんな愛嬌がより映えます。

•MUJI's items•

竹紙便箋 白、竹紙封筒 横型 白

お風呂でリラックス

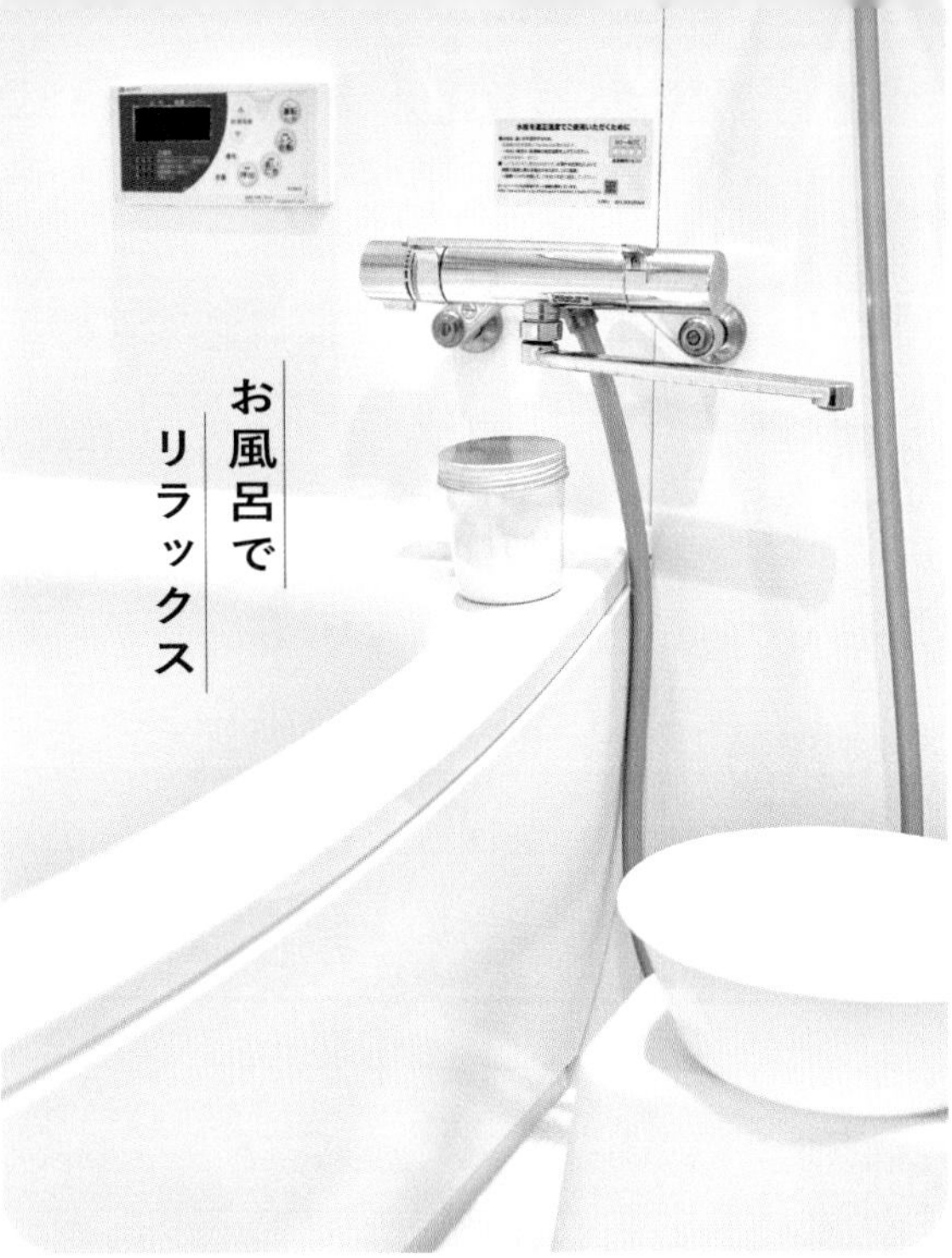

お風呂で心からくつろぐために、浴室はいつもさっぱりときれいにしておきたい。「雑音にならないものを最小限、直置きしない」が鉄則です。この入浴剤入れはフタが蛇口など浴室の色合いとなじんで、存在が自然。何個か並べて入浴剤を選べるようにしてもよさそうです。

いい布に包まれて眠る

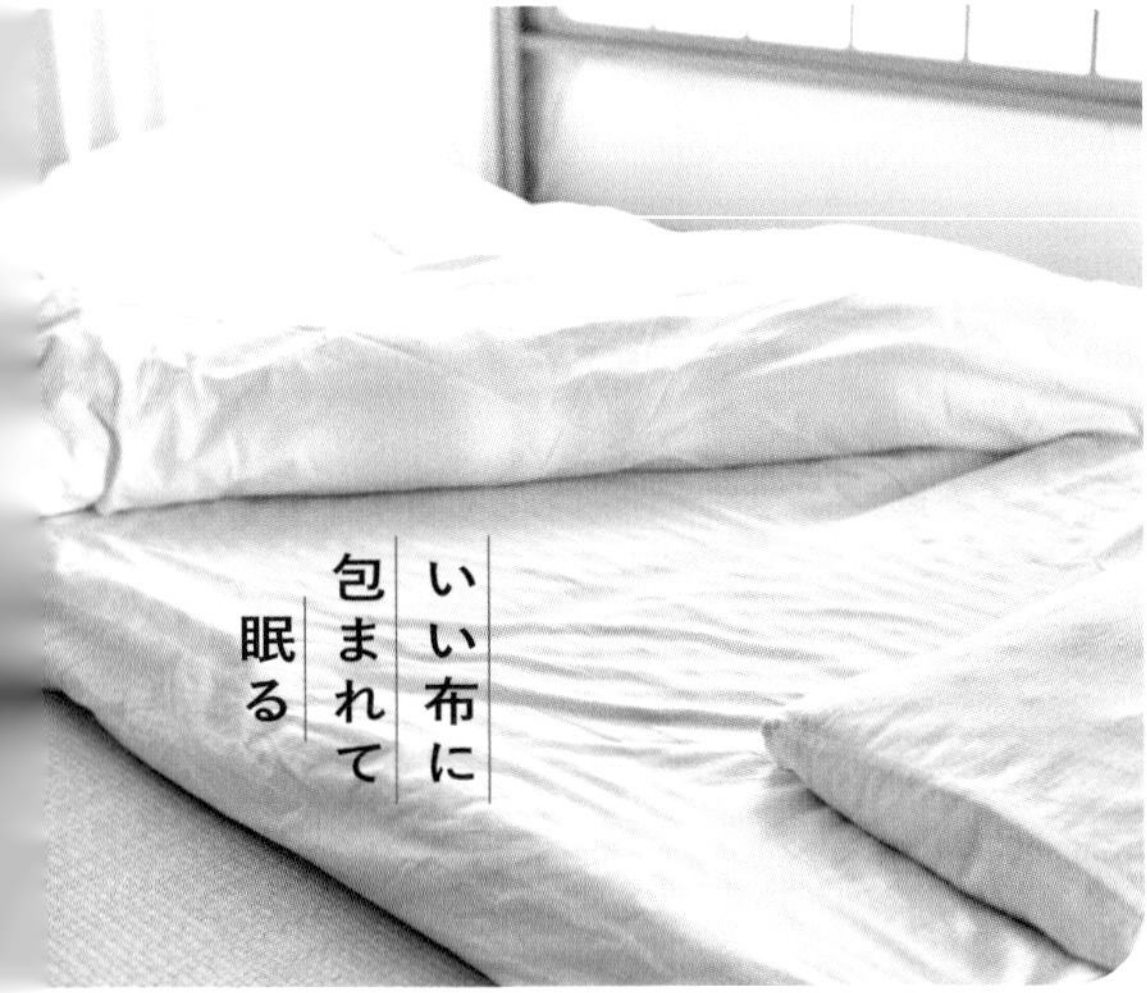

無印良品の布には「心地いい」への信頼があります。とくに「洗いざらし」の風合いが好み。細かいしわの寄り方に温かみがあります。季節を問わず活躍するオーガニックコットンで、乾きがよく何度洗ってもくたびれず丈夫です。枕カバーも同じシリーズ。

•MUJI's items•

入浴剤用詰替ジャー、

洗いざらし敷きふとんシーツ・S　兼浅型ボックスシーツ

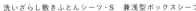

ほっ

スウェットはラクだけどだらしなく見えないから、旅先にもパジャマとして持参。廊下を歩いても恥ずかしくないのが大事。

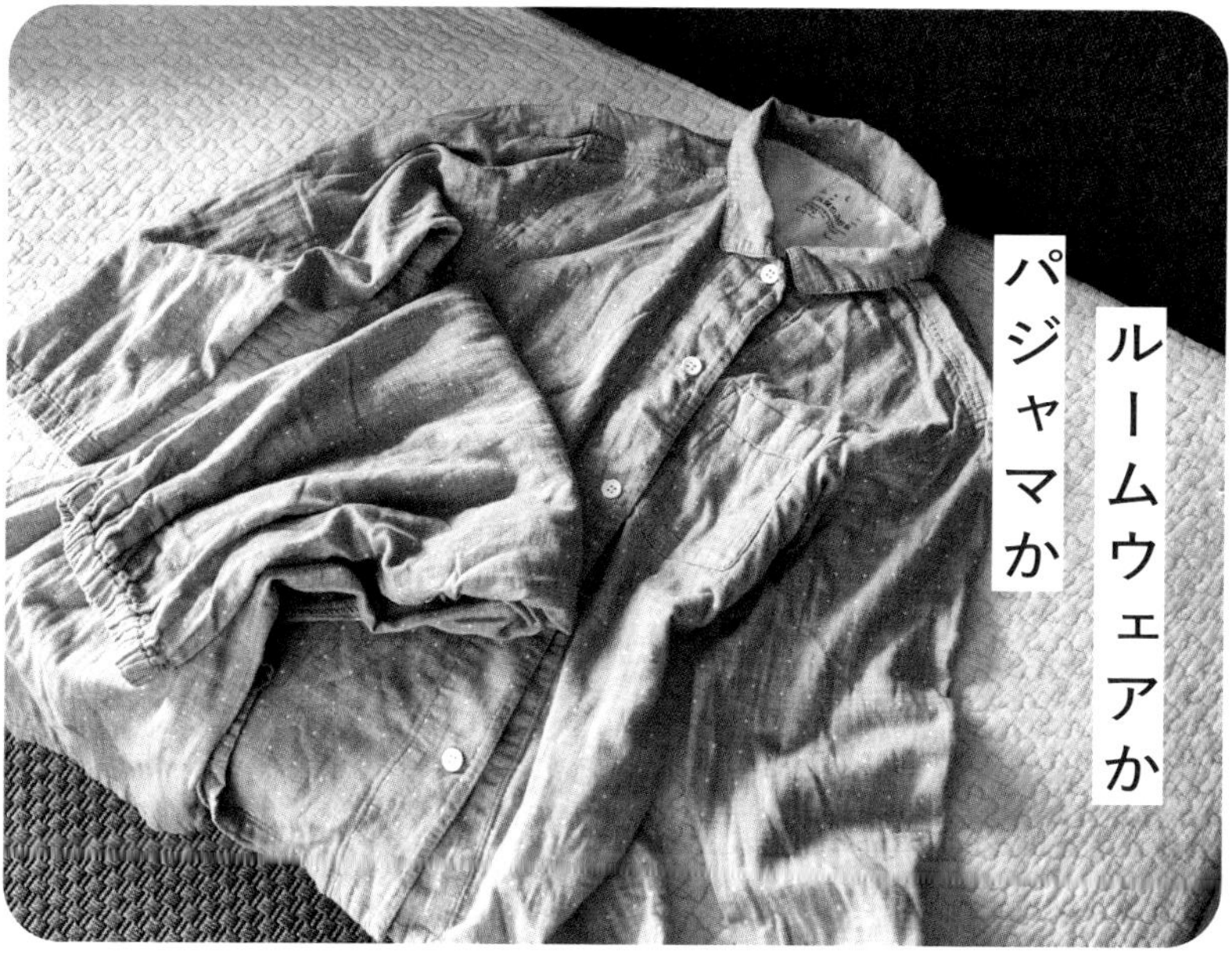

ルームウェアか パジャマか

妊娠して無印良品のマタニティパジャマを着用してから、そのよさに開眼。この二重ガーゼパジャマは3年以上着ていますが質が変わらず、ずっと気持ちよい。洗濯のたびに柔らかくなるのがまたよいのです。春秋はこのままサラッと、真冬は中にウールの下着を着ています。

平日は、保育園のお迎えから帰ったらすぐに入浴します。寝間着を着ている時間がとても長くなるので、着心地がよくて、動きやすいルームウェアが最適解。このスウェットはパジャマとして売っているわけではありませんが、パキッとした白が気に入りリピートしています。

•MUJI's items•

脇に縫い目のない　二重ガーゼパジャマ、
スウェットシャツ、スウェットパンツ

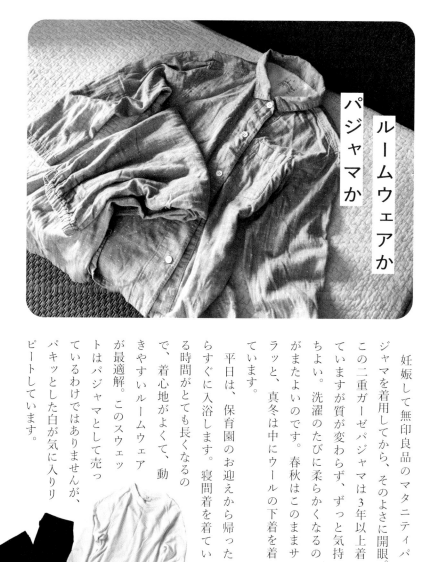

禁断の夜食タイム

魅惑のチーズピザでビール

大好きなゴルゴンゾーラが効いたチーズピザは、魅惑の一品。実は以前、これとビールをくり返し太ってしまいました。回数を控えるようにはなりましたが、たまにはいいじゃないですか。だって毎日がんばっているんだもの。こんな少しの罪悪感は、最高のスパイスになるのです。

明日の朝活はやめて夜ゆっくりしよう、という日もあります。前日たっぷり寝ていてあまり眠くない夜や、ストレスが溜まって「このまま寝ておれるか」というとき。そんなときは、間仕切りを閉めて、YouTubeやドラマを1～2時間楽しみます。ひとりっきりのプレジャータイムです。

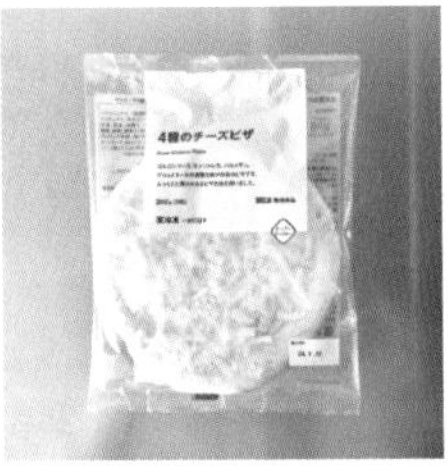

•MUJI's items•

4種のチーズピザ（冷凍食品）

日中ずっとアクセル踏みっぱなしで消耗感、イライラが募る日はビール&夜食ナイト。「するぞ」と決めたときから蜜の味。

夜食には麺類もおすすめ

「これを終わらせて寝る……!」と仕事をがんばることもあります。終わったら、がんばった自分にうどんのごほうび。

中身を火にかければあっという間に食べられる手軽さに、甘やかされているのです。カップラーメンよりヘルシーでお腹にやさしい選択ですしね。

子どもも好きなので、うどんはよくストックしています。

•MUJI's items•

きつねうどん（冷凍食品）

毎日の中にリラックスタイムをどう確保するか

私が家を整えるのは、暮らしをラクにしたいから。そして居心地のよい場をつくりたいから。

とはいえ、整った部屋で自分がのんびりするかというと、実はそれができない性分です。気づけば家のなかをぐるぐる回り、配置を見直してみたり、収納を変えてみたり。なんせ一番したいことがそれなので仕方ありません。代わりに、家族が思う存分リラックスしてくれています。

ではどんなタイミングで自分が安らいでいるかというと、だいたいが食事中。平日の昼食や、夕飯を先に子どもに食べさせた後の自分だけの夕食。どうしても、食べ「ながら」リラックスになってしまうのが現状です。雑誌を開いたり、動画やドラマを見たり。たまのひとり入浴にも必ずポータブルテレビかスマホを持ち込み、スイッチオンでリラックスタイムの始まりです。

「ながら」ではなくまとまった自分時間をとれるのが、「朝活」もしくはたまの「夜時間」。これがあるとないとでは生活の質が大きく変わります。この時間を確保するために、子どもには「入浴と宿題が終わってから動画を見てよい」とルールづけをしました。どんなに文句を言われても、それだけは死守してずるずる時間が押さないように。

だいたい自分も子どもと一緒に入浴を済ませるので、夕飯の後のタスクは歯磨き程度。早寝もしくは早い時間の寝かしつけにスムーズに移行することで、自分の時間を確保しています。

8

地味だけどいい仕事

That is simple, but does a good job

何の特徴もなさそうな、
日常の中のちょっとしたもの。
そういったものにこそ、実は日々助けられています。
よく使うからこそ、
機能やデザインに不服があれば結構なストレス。
地味なようでも、生活の肝心かなめだったりするのです。

旅に 買い物に 大活躍

保冷のできるこのバッグ、アイスなどの買い物はもちろんのこと、旅行のときにも大活躍するんです。旅先の楽しみといえば、私にとってはホテルでの缶ビール。バッグに保冷剤を入れておき、宿に着く前にビールを買ってここにイン。着いたらまずはひえひえをプシュッ！　保冷材を宿で凍らせておけば、帰りのお土産に要冷蔵のものを選ぶこともできるわけです。普段、バッグは車内に入れっぱなしにしています。

•MUJI's items•

ポリエステル　買い物バッグ　大／保冷剤用ポケット付き

洗面所に

コンセントにさしておくと、人を感知して30秒点灯します。夜トイレに向かう道中で、照らされるたび「ありがとう」と思うのです。おかげで長男も夜中一人でトイレに行けるようになりました。トイレの電気をつけるとまぶしいので、扉をしめずこれで用を済ませています。

暗闇に灯りを

玄関に

こちらはコンセントいらずで、置く場所の自由度が高い。玄関天井に配管がありマグネットがつくので、通ると点灯する便利な玄関ライトになっています。明るい時は点かないので夜だけ活躍。電池もちもよく、デザインもかわいらしくて気に入っています。

•MUJI's items•

LEDセンサーライト、マグネット付きセンサーライト

言わずと知れた無印良品の名フックたち

「ステンレス横ブレしにくいフック」は先端が細くなっている2重構造。「ステンレス横ブレしにくいS字フック」は平行が続く2重構造で、カーブの径が大きいのが特徴です。横ブレしないということは、ものを取ったときにフックが一緒に落ちるストレスが少ないということ。これは重要です。2重なのでしっかりしていて、重さのあるものでも安心。大小を隣同士で使えば、高低差が出てものを取りやすくできますよ。

わがやでは「フック」の方はキッチンでバナナや鍋敷き、小鍋を吊るして。「S字フック」はハンガーの束、ルーフバルコニーでプロジェクターのスクリーンや洗濯ものをかけています。

•MUJI's items•
ステンレス横ブレしにくいフック、
ステンレス横ブレしにくいS字フック

賃貸や狭い家歴が長いので、吊るし収納にはお世話になってきました。それはつまり、無印良品のフックに助けられてきたということです。

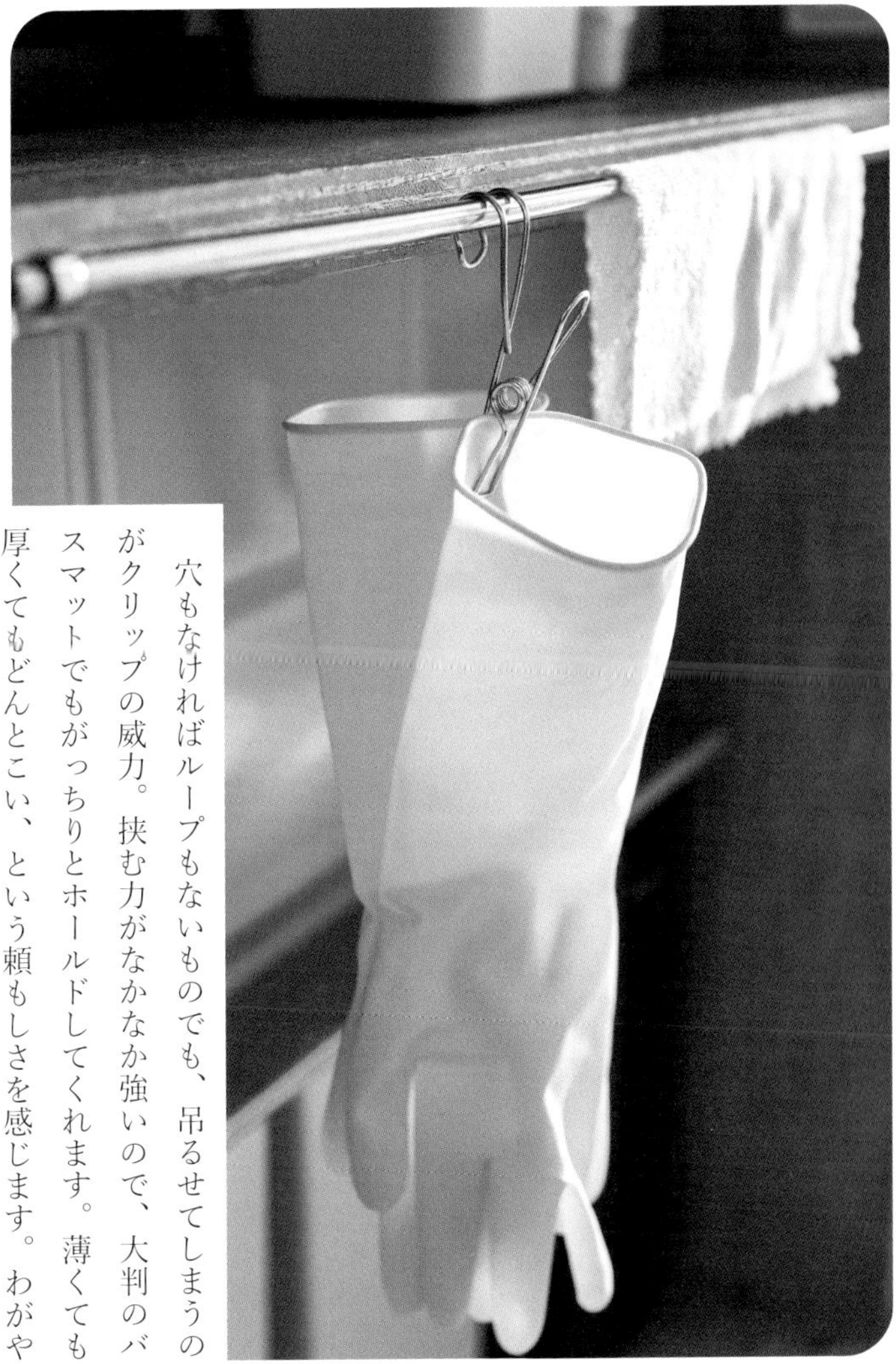

穴もなければループもないものでも、吊るせてしまうのがクリップの威力。挟む力がなかなか強いので、大判のバスマットでもがっちりとホールドしてくれます。薄くても厚くてもどんとこい、という頼もしさを感じます。わがやでは現在、浴室の入口でバスマット、キッチンでみつろうラップやゴム手袋を挟んで吊るしています。挟む方でどこかに固定して、フックとして利用することもできます。

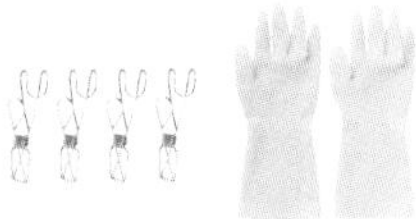

•MUJI's items•

ステンレスひっかけるワイヤークリップ、天然ゴム手袋

実用的な素材そのままの箸

以前は塗り箸を使っていたのですが、先が傷むと目立ちます。素材そのものの箸は傷みが目立たず、丈夫で食洗機でも洗えるので重宝。4膳すべて同じもので、もし傷んでも同じ商品を買い足せる安心感があります。どれも同じだと、柄を合わせる手間がなくパッと取れるのもおすすめポイント。子どもも箸は別なのですが、食洗機から探すのが面倒なので家族の2倍数を持っています。

•MUJI's items•
メープル食洗機で洗える箸

この一見地味で普通っぽい10センチの可能性は無限大だと思います。なのに「便利ですよ！」って全然主張しないのがたまらない。

この短さが貴重！

複数個の接続口がある電源タップでは、頭の大きい充電器をさしこんだ隣の穴が使えなかったりします。そんなときにお役立ちなのが、この短さのジョイントタップ。コードがたくさん集まってくる電源基地で大活躍なのです。正直、買うまでどう使うのかあまり予想していませんでした。買ってから便利さを発見。まだよい使い方がありそうな気がするので、ひとつストックしておいてみようかな。

•MUJI's items•

ジョイントタップ・ロック付・延長コード・10cm

開封は玄関で

実は、「かわいい〜」と見た目で買ったミニカッター。ある日、届いた荷物を玄関で開けるときに思いました。玄関にカッターがあればいちいち取りに行かなくてもいいんじゃない？ このミニカッターなら、裏にマグネットシートを貼れば存在感薄く玄関ドアに貼っておけます。空いた段ボールはすぐにマンションのごみ捨て場に持って行くので、家のなかまで持ち込む必要はないのです。

誰かに渡す紙ものって、選ぶ人が表れる気がします。そして、渡す相手への思いも表れるのだと思います。どういう人が、その大事な人へ、どんな心をお渡ししたいか。

無印良品で祝儀袋に初めて出会ったのは、ちょうど友人たちが次々に結婚していくころでした。「こんなものも売っているんだ！」という驚きとともに、シンプルだけれどセンスの光るデザインに「求めるものをやっぱりわかってくれているんだよな～」と改めてほれぼれしたものです。

いざのときにも好みのものを

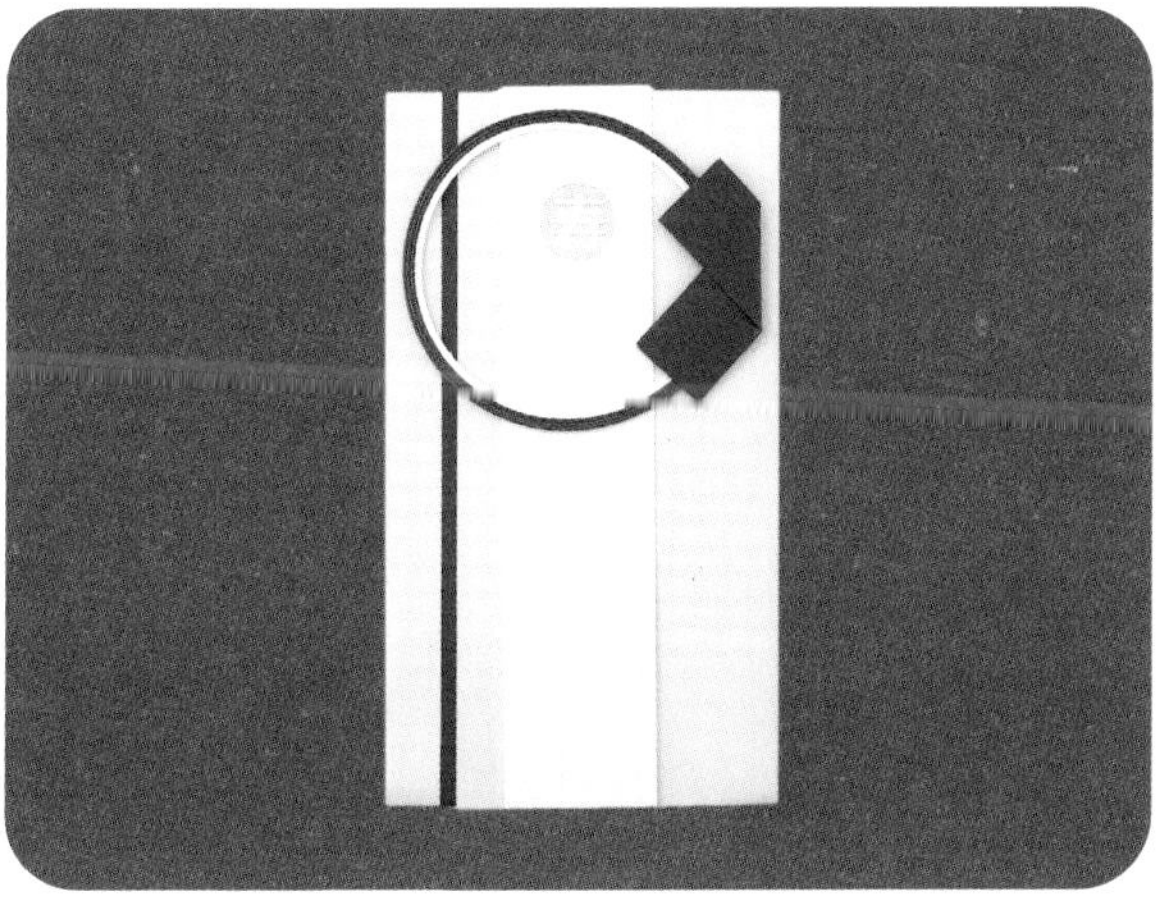

夫だけが式に出席するときでも、性別を問わず使いやすいデザイン。どれだけのお祝いをこの袋で包んできたことでしょう。

整理収納サービスに伺った先で、もらった祝儀袋の束を捨てられずに保管している方をよく見ます。記念とはいえ見返すものでもないし、場所を取ってしまう。捨てられないのは、仰々しいパッケージのせいだという気がします。無印良品の祝儀袋は、役割を果たしたのちに手放しやすいさりげなさ、「これでいい」感がさすがだと思うのです。

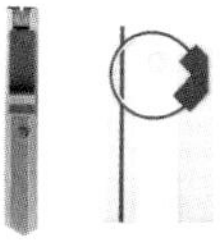

•MUJI's items•

ステンレスカッター・ミニ、祝儀袋

ほ

自分もですが、無印良品オタクであるほどこの祝儀袋を愛していて、「なくなったら困る」という人多し。通ぶれるアイテムでもある（笑）。

「良品計画」商品開発者の方に会ってきました！

無印良品の商品は、どういう経緯で生まれてくるのだろう？開発にあたり、どんな軸を持っているのだろう？ものづくりに携わる担当者の方とお話することができました！

ベトナムの生活道具からたどりついた竹材

本多　豊かなラインナップで現われた竹材収納ですが、どういう経緯で新商品となったのでしょうか。

畑中さん　製造拠点のあるベトナムで、人々が日常的に使う日用品を調べているなかで「竹材」に行き当たりました。ベトナム戦争で長く貧しい時代が続き、人々は安価で丈夫で加工がしやすい竹材を使っていたんです。生活用品だけでなく、道の補修や橋づくりにも使われていました。この材料には、取り組む価値があるだろうと。

本多　生活用品に着目したんですね。それは「生活」に実直に向き合っている無印良品ならではのものづくりだと感じます。

原さん　竹は生命力が強く、成長が早いので、どんどん刈る必要があります。そういう素材を適正に使えば、自然環境を保つことにもつながるので。

畑中さん　ウォーターヒヤシンスという素材も使い始めました。ベトナムの水路にびっしりと生えてしまう外来種で、船が通れないから抜いて川岸に廃棄しているんです。現地の人がそれでカゴやゴザを編んでいるのを見て、商品に取り入れる流れになりました。その素材を使うことが問題解決にもつながる。カゴを作る際には、使えばラクに作れるワイヤーは使いません。捨てるときに環境負荷がかかるからです。

原さん　樹液が出なくなって廃棄されてきたゴムの木も使うようになりましたね。素材に関しての取り組みは、ストレージや軽家具だけでなく、大きい家具でも行っています。

生活雑貨部収納担当の畑中直美カテゴリーマネージャー（奥）と、原瑞季さん（手前）にお話を伺いました。

人々の生活の変化を見て必要とされるものを考える

本多　竹シリーズではコンパクトなラックや踏み台など、今までにあまりなかったジャンルにも幅を広げていますね。

畑中さん　この計画はコロナ下で行われていました。地方に引っ越す方、ライフスタイルの変わった方が数多くいた。大きな家具というよりも、小さな棚やスツールで気軽な生活をつくりたいというニーズを感じたんです。

そしてちょっと座りたい、ちょっと干したいというときに、天然素材のものの方が家の中に入るものとしてふさわしいだろうと。無印良品が掲げる「感じの良い暮らし」に沿って気軽な生活がつくれるよう、竹という素材で日用品を作っていこうとなりました。

本多　ものをゼロから生み出すにあたって、まず何から始めるんですか？

畑中さん　ものから入るというより、それで暮らしがどうなるのかを重視します。ものから入るとどうしても、不要な機能を盛り込んでしまったりするんですよ。それよりも、どうすればより便利ですっきりと暮らせるかと、生活の仕方から考えると「この機能はいらない」と判断していくことができます。

本多　ストーリーを伺ったことで、竹シリーズにさらに愛着がわきました。無印良品の収納を長年使っているのは、同じものをいつでも買い足せる安心感もあってです。こちらもずっと定番として作り続けていただきたいなあ。

新たに生まれたジャンル「軽家具」

本多　ニーズがあると確信されたのは、なぜだったのですか？

畑中さん　店舗スタッフと話していても、「そういう商品なら店にはこう出したいし、こうお勧めしたい」と言われることが多かったんです。スタッフからパッとそういう話が出る商品は、お客様からも支持されると思えます。そして、実際にほしいかどうかという、自分へのマーケティングをします。竹のスツールができあがったのを見て、「家具未満」「軽家具」というワードがしっくりきました。部屋の隅にあるといいものとして、生まれてきた。

本多　「軽家具」という言葉がおもしろい！

畑中さん　竹の家具あたりから「軽トラ」みたいな感覚で、社内で使われ始めたんですよね。コンパクトで、折りたためたり、軽くてキャスターが付いていたり、場所に囚われず生活の中でライトに使えるものたち。24年1月発売のスチールパイプシリーズ、空気でできたソファも軽家具ですね。

本多　収納の相談にのっていると、今後引っ越す可能性があるから家具は買いたくないという人が多いんです。それでも、ここにちょっと棚があれば……ということがある。軽家具が役に立てそうですね。

レビューやSNSでの感想は商品の進化に貢献

本多　商品レビューが盛んですよね。

企画開発のみなさんはチェックしているんですか？

畑中さん　通勤のおともです。

原さん　貴重なご意見ですね。

畑中さん　以前、レビューから商品のミスに気づいたこともありました。本来、組み立てに工具はひとつで済むようにつくっているんです。それがふたつ必要だったと。必要に気づけば修正するようにしています。

本多　やはり、組み立ての簡単さは大切にされているんですね。

原さん　SNSもよく見ています。みなさん熱意をもってどう使っているか、使い心地はどうかと発信されている。真摯なご意見には発見があり、ありがたく思っています。

本多　綴られたものに商品で返していく、往復書簡のようですね。

【対談を終えて】

「もの」だけでなく、「生活」を見てものづくりをされている。それは私が収納を考える際と同じです。いろいろな点と点が組み合わさっているのが生活で、生活者それぞれの思いや習慣が反映されている。無印良品はあくまでそのベースを提供して、「どうぞご自由にお使いください」と委ねてくれています。それは人々の生活とものづくりに真摯に向き合ってきた人でなければ生み出せないものだと感じました。

無印良品はシンプルな暮らしにどう貢献するか

シンプルな暮らしって、何でしょう。それは、例えば「家族の衣類収納は？」と聞かれたときに、「私のはここで、夫のはここだよ」と簡単に説明できる状態。「あれはどこ？」と聞かれたときに、「2つ並んだボックスの右」とすぐに言える状態。

自分の持ち物としまい場所の全貌が「わかっている」。そんな暮らしがシンプルと言えるのではないでしょうか。

暮らしはシンプルでありたいと思っています。「立ち止まらずさくさく進みたい」というのがその理由。ものを探したり、選択に迷ったりして立ち止まってしまう時間は、できるだけ少なくしたいから。

無印良品のモノづくりもまさにシンプル。何が要で何が不要かをしっかり見つめているから、どの商品にも複雑さがありません。さまざまに使える汎用性を持ち、どの家にあっても違和感を生まないデザインは、わかりやすい収納の仕組みづくりを助けます。

以前、古い家の独特な収納スペースに苦戦していた方がいました。叶えたい希望の実現に、お持ちの収納用品や家具の多くが無印良品だったことが助けになったのです。場所と用途に合わせてシェルフを模様替えし、そこに引出しやボックスを組み込むことで収納力を大幅増。どこに何があるのか一目瞭然で、取り戻しのしやすさも抜群になりました。

わかりやすい暮らし、つまりシンプルな暮らしが心地よさに直結するということを、無印良品は商品を通して教えてくれている気がします。

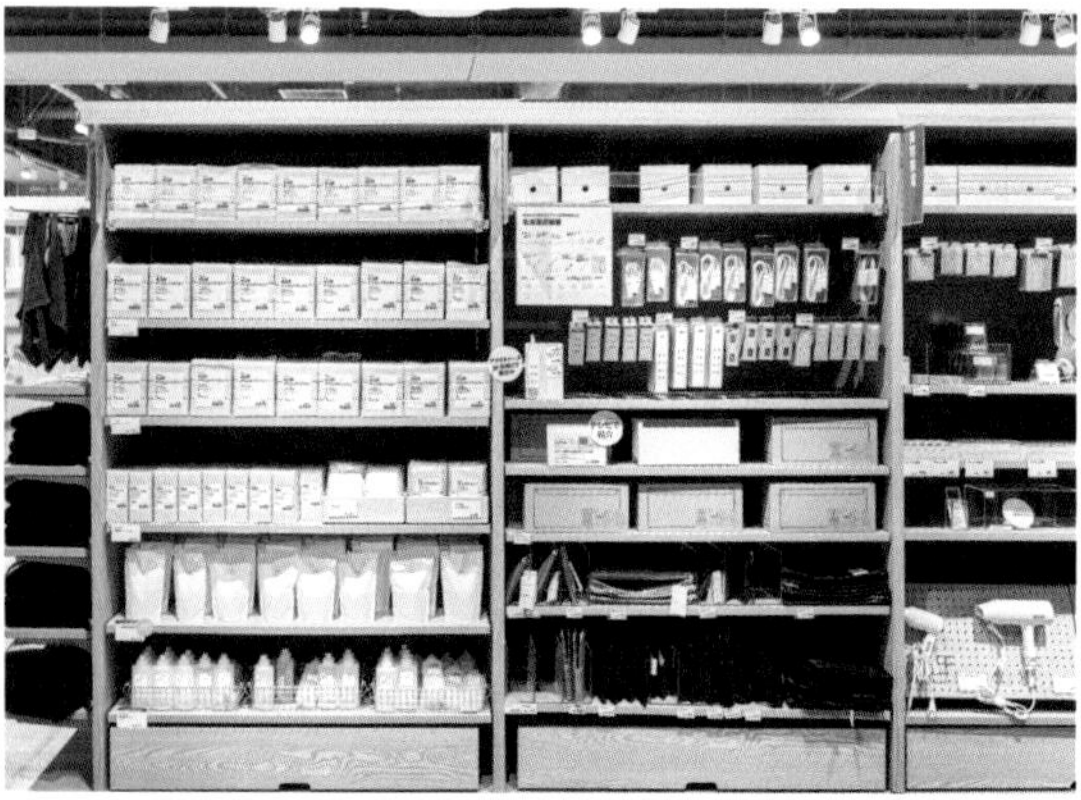

9

休日を楽しむ

Enjoy the holidays !

休日は家族でちょっと遠出をしたり、
近所でお外を満喫したり。
家で過ごす日なら、平日とは違う時間を楽しみます。
屋外で持っていることで助かるもの、移動を快適にしてくれるもの、
その時間をより豊かにしてくれるものを
無印良品で見つけました。

近場の公園で休日を楽しむ

スポーツや水遊びにいいシャツ

「運動しなきゃ！」はここ数年の課題です。走るとなるとハードルが高いので、ウォーキングしながら気が向いたときだけ走ろう、と近所の公園へ。ムジウォーカーの服はスポーツ向きで吸汗速乾、日焼けも防いでくれます。実は最初は、軽くかぶれるラッシュガード代わりにシャツを購入しました。ぬれてもすぐに乾いて、水遊びにもおすすめです。

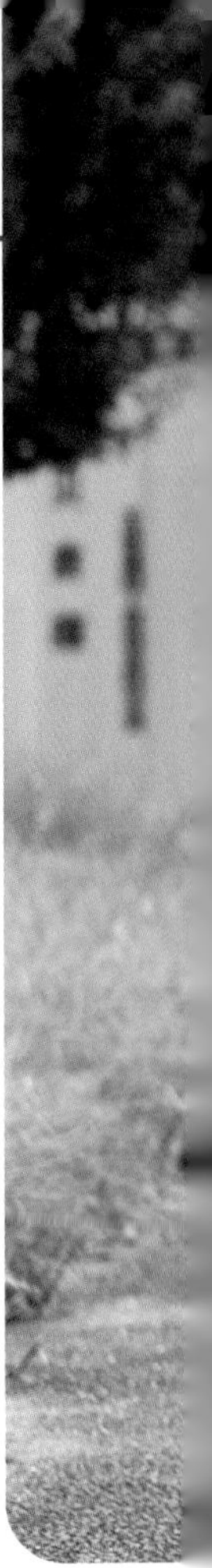

子どものおやつ入れにぴったり

小麦粉など粉もの用の容器ですが、わがやではお出かけのおやつ入れ。お菓子の小袋をあれこれ詰めて、リュックに入れて持ち出します。各自が好きなものを取って回していくシステムです。選びやすいし、運んでいる途中でお菓子が砕けることもありません。

濡れたものを持ち帰る

家族全員水遊びが大好き。夏場はどこかしら水遊びポイントに寄るので、水に強いＴＰＵ巾着を持って行きます。また保育園の持ち物に「汚れもの入れ」の指定があるため、その袋としても利用。レジ袋でわしゃわしゃするよりも、すっきりとまとめて持ち帰れます。

•MUJI's items•

粉もの保存容器、TPU巾着

家で休日を楽しむ

いいお日和にはベランダごはん

外が気持ちのいい日には、ルーフバルコニーでランチタイム。ガス式のホットプレートを持ち出して、即席オムライスや焼きそばなどをつくります。片付けもサッとしたいときは、器は使い捨てが便利。バガスと竹パルプのシリーズは、普通の紙皿よりしっかりとしていて持ちやすい。佇まいもかわいらしくて、料理をよりおいしそうに見せてくれます。

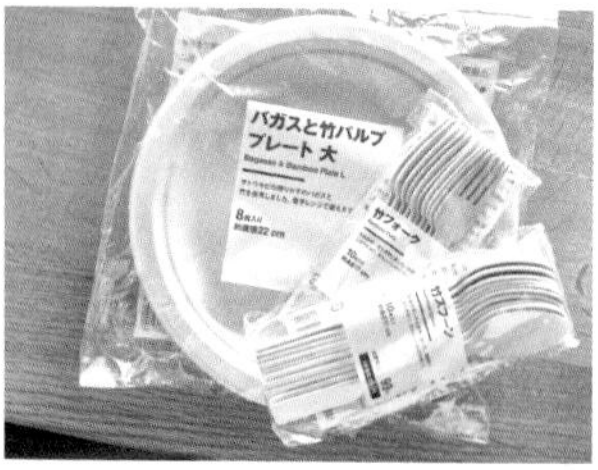

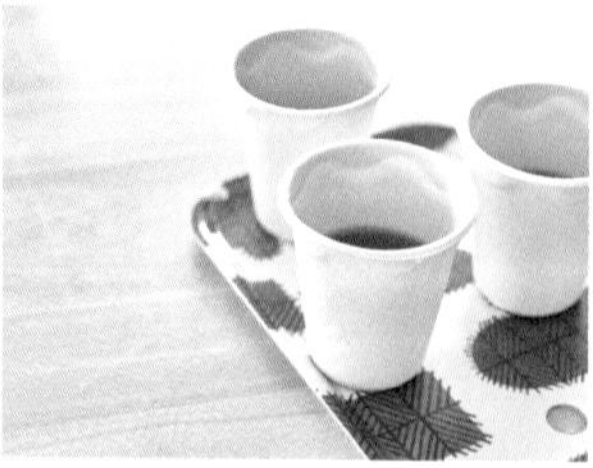

上・バガスはこれまで廃棄されてきたサトウキビの絞りかすとのことで、プラスチック製のものより気持ち的にも使いやすい。低価格もありがたい。
下・来客時にも活躍するカップ。アウトドアや運動会のお弁当タイム、キッチン付きの宿でも活躍しました。

みんなが好きなお菓子

子どもたちはそれぞれ好みのお菓子が違います。無印良品のキャラメルポップコーンは、数少ない共通で好きなお菓子。甘すぎず、どんどん食べ続けられるおいしさです。普段のお菓子は個包装のものばかりなので、大袋を開けるのは休日に映画館ごっこをするときくらい。

•MUJI's items•

バガスと竹パルプ　プレート、竹スプーン、竹フォーク
バガスと竹パルプ　カップ
素材を生かした キャラメルポップコーン

「ルーフバルコニーいいですね」とよく言われるけれど、実は1年の3分の1ほどしか出ないのが実情。いつかテント張って寝てみたい！

車の中でも頼りになる無印良品

家と同じように心地よく過ごせる空間

車は、中で過ごしながら移動する手段。家のインテリアを考えるような感覚で、居心地よく暮らしやすく、好みのもので整えています。車内のほとんどのものが、車用にと買ったわけではなく、家で使っているものを「車にいいな」と移動させたもの。家の中で使いやすいと感じているものは、車の中でもやっぱり使いやすいのです。

•MUJI's items•

再生ポリプロピレン入り頑丈収納ボックス、
持ち手の高さを変えられる ポリプロピレン台車

ほ

ボックスの中に備えるアイテムは、「なくて困った」「あって助かった」からたどり着いたスタメン。最近はここに子どものサンダルも。

収納ボックスの中身

① 仕分けケースに子どもの着替えセット
② 仕分けケースに夫の着替えセット
③ 子どもの上着の予備
④ 折り畳み傘
⑤ ビニールバッグ２つ
⑥ 大判のバスタオル、ガーゼケット２枚
⑦ 保冷バッグ

トランクに積んだ頑丈収納ボックスは、いろいろな形のたくさんのものをまとめられるうえ、外で腰かけや簡易テーブルになったりと大活躍。車移動の多いわがや、行った先でのいざ「遊べる水場がある」「意外と寒かった」「広場発見!」「お風呂に寄りたい」などに備えています。

車の中にも爪切りを

運転席と助手席の間のコンソールボックス上段に、酔い止め薬、無印良品のポリプロピレン小物ケースに入れたコンタクト、爪切り。浅い収納なのでパッと取れます。

•MUJI's items•

ポリプロピレン小物ケース・S

便利なドアポケット

運転席ドアのポケットに、カー用品店で見つけた〝ここ〟用のごみ箱、無印良品のハンディモップ、アクリルペンスタンドにサングラス、長財布に小銭と年パスや駐車場券、かたいグミや梅菓子など眠気覚ましのお菓子を収納。

エチケット袋も忘れずに

コンソールボックス下段には無印良品の卓上用のアクリルティシューボックス。その脇には、子どもの車酔い対策でエチケット袋が必須です。卓上用だとコンパクトに収まりがよく、ここが定位置となりました。

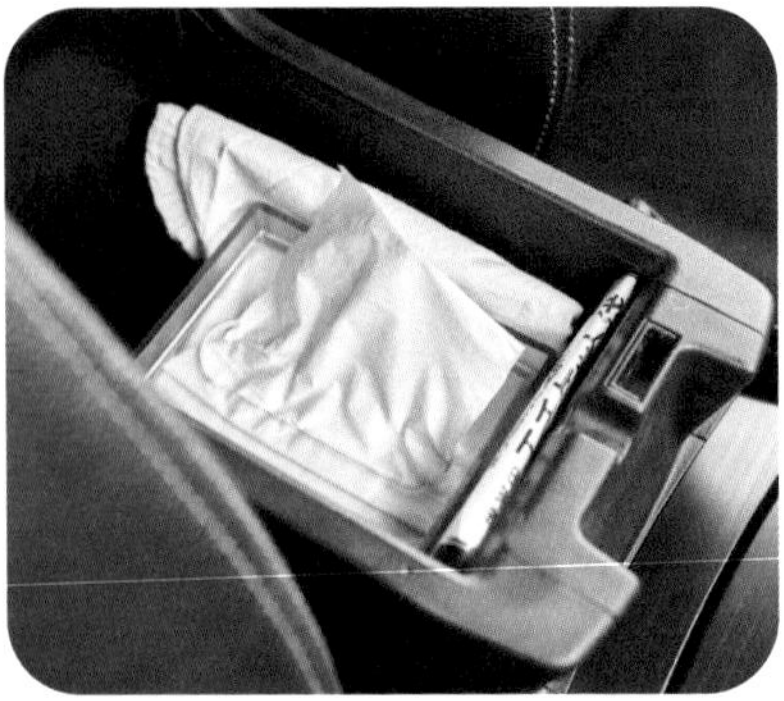

後部座席には

汚れや濡れからシートを守れるように、キルティングのチェアパッドを敷いています。長時間乗るときはクッションを持ち込んで、寝やすいように。吊るしているポリエチレンシートケースには、ティッシュとマスクを。

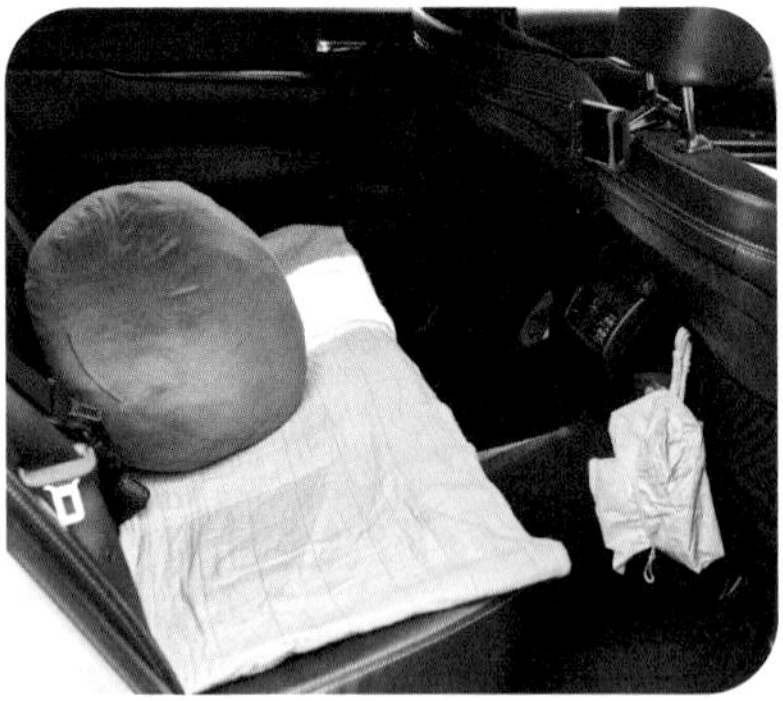

•MUJI's items•

マイクロファイバーミニハンディモップ、
アクリルティシューボックス／卓上用、背当てにもなるやわらかマルチクッション

10

家族にやさしい収納

Family friendly storage

家族からの「あれはどこ？」という問いは、
少なければ少ないほど双方にとってラクで快適です。
自分はもちろん、
家族にとってもわかりやすく取りやすい収納の仕組みを、
無印良品が支えてくれています。

使いやすい収納を家族の動線上に

子どもにわかりやすい
＝大人も使いやすい

よく使うものは、部屋の隅などではなく動線上に置くことが大切です。家族の足跡がたくさんつくような場所が、家族みんなの取りやすい収納になります。わがやでは、キッチンからもリビングからも近いダイニングのスタッキングシェルフに9割子どものもの、1割大人が使うものを収納。

取りやすい位置で、中身のわかりやすいシンプルな仕組みの収納は、子どもはもちろん、誰にとっても使いやすいユニバーサルな収納です。

•MUJI's items•

スタッキングシェルフ・ワイド・2段、追加2段

6段の浅い引き出しは本当に優秀！　日用品はどれも細かなものだから、横並びに収まるとどれも見つけやすいのです。

@ダイニング　6段収納の中身

アンドペーパーズの6段引き出し。細かいものの収納にぴったりです。
＊シェルフ下段につけた扉は「スタッキングシェルフ用FLAP」

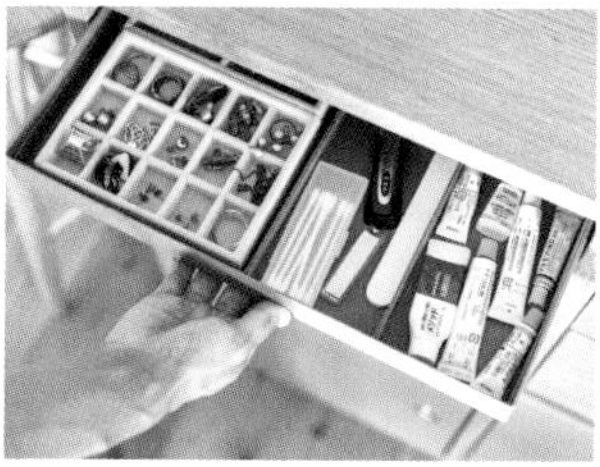

1段目

使用頻度が高く、大人が手にするケア用品（塗り薬や体温計、爪切りなど）は最上段。アクセサリーは無印良品の重なるベロアケース格子で整理。

2段目

電池のいるおもちゃが多いので、替えるとき使うドライバーとともに収納。ほか充電池と充電器、シールプリンター、エコバッグ。

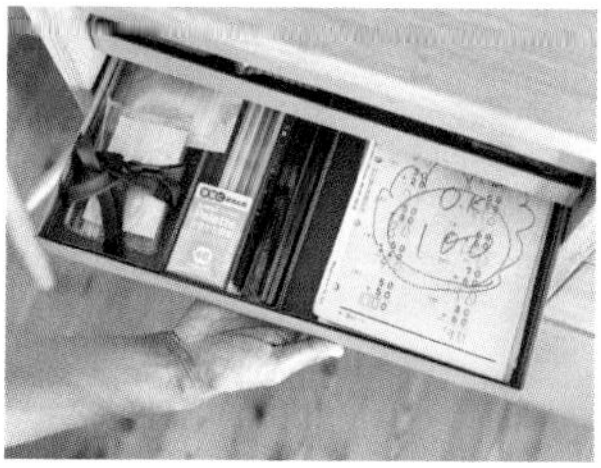

3段目

学用品ストック、保護者カード、長男の公文プリント（20枚たまるとYouTube券と交換）。プリント類も住所をつくると散らかりません。

4段目

シール、シールブック、ノートなど手先で遊ぶ紙ものはここ。ひとつのボックスにひとつのジャンルが子どもにもわかりやすい。

5段目

ポケモンカードなどの、コレクション系カード。この引き出しは上が開いているので、中が見えるし薄いものは開けなくても戻せます。

6段目

アナログゲーム、カードゲーム。薄い引き出しの中で、テトリスのように違うサイズの四角い箱をはめていく快感があります。

スタッキングチェストの中身

一等地にある収納だから、毎日のように使う新たなアイテムが出るたび、ここに定位置をつくるため見直しています。

プリント

授業で使ったプリントは、長男が自分でここに入れます。一回一回「いるの?」とジャッジするのが面倒なので、考えずここに。親へのプリントは同じ方式で仕事スペースのトレイに。

ウェットシート

最上段には大判・厚手で拭きやすいエリエールのウェットシート。テーブルを拭いて、棚を拭いて、最後にベランダの竿を拭いて捨てたり。サッと気軽に台布巾や雑巾として使います。

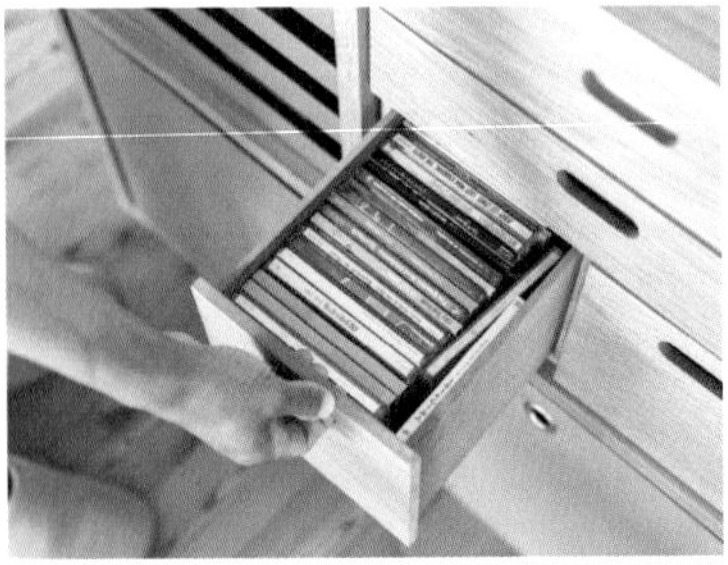

CD

この棚の上にCDプレーヤーを設置したので、CDもここに引っ越してきました。曲を変えるたび「動線は大事だな」と実感します。

給食セット

長男の給食袋とナプキンは3セット、箸箱とコップは2セット用意してここに。本人が自分でここから取って準備します。

•MUJI's items•

スタッキングチェスト・ハーフ・引出し・2段、
スタッキングチェスト・ハーフ・引出し・2個

寝室収納

下半分には、寝るときに必要なものたち。寝かしつけ用の本、鼻水や鼻血対策のティッシュとごみ箱、なぜか寝ようというときに「指が痛い」「ばんそうこ」と要求されがちだったため絆創膏。眠い目をこすりながら布団から這い出て、遠くまで取りに行くしんどさを防ぎます。

上半分は古布やシーツの替え、メルカリで売るもの、節分などのイベントで使うファンシーグッズといった頻度の低いもの。1つのボックスに1つのタイルで収納しています。

コロコロ収納

布団用の掃除機は持っていますが、それを出すほどではなくちょっとごみを取りたいときに。近くにあれば、コロコロできます。

•MUJI's items•

やわらかポリエチレンケース、カーペットクリーナー

ほっ

家づくりの相談では、「棚は可動が吉」と強くおすすめします。仕組みをモノに合わせて変えることができるから（我が家は「シューノ」導入）。

夫にやさしい収納

見やすく取りやすいワイヤーバスケット

子どもたちの朝食を準備するのは、夫の担当です。パンに塗るはちみつやスプレッド、シリアルなどをワイヤーバスケットにまとめて。浅いので取り戻しがしやすいし、ワイヤーなので背の低いものでも見失いません。奥のびんには毎朝使うスープ用のはるさめが。毎日使うものは、パッケージのままより詰め替えて取りやすくします。

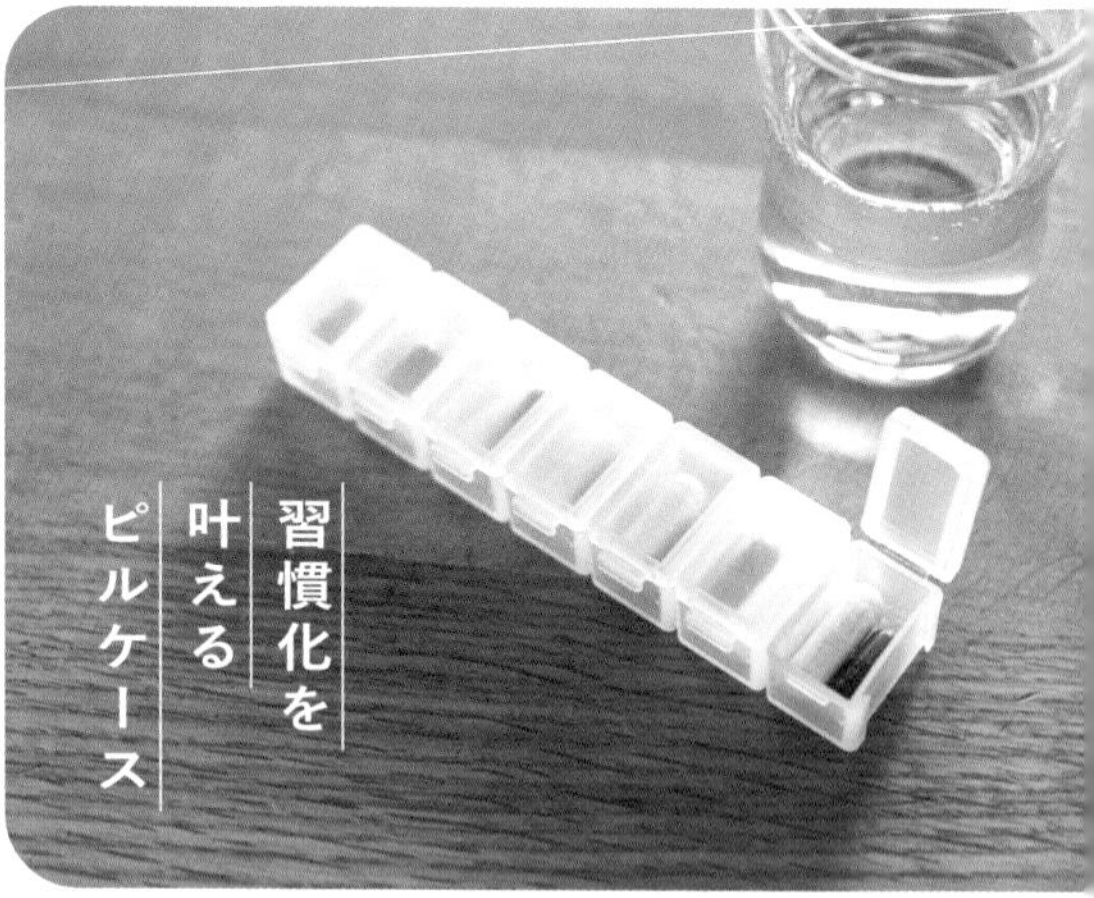

習慣化を叶えるピルケース

毎日サプリを飲んでいる夫に、1週間分入れられるピルケースを。数種類飲んでいるので、ボトルを複数個いちいち開ける手間を省いています。「飲みたい」「習慣にしたい」というときには、できるだけ面倒のないようにするのがポイント。このケースは分割しても使えるので、飲む内容や日数に合わせることができます。

•MUJI's items•

ステンレスワイヤーバスケット2、
ポリプロピレンつなげて使えるピルケース

夫が釣りをやる妻どうしで、「釣りっていうかもはや釣り道具集めが趣味では？」説が通じる率、ほぼ100パー。

夫の趣味は釣り

釣りにはたくさんの道具が必要です。釣る魚や場所によって、あれこれ違うのだそう。細かいツールが多いので、種類別にケースに入れて深いボックスに縦に収めています。「ポリプロピレン小物ケース・L」は、中身がうっすら見えるので種類分けに使いやすそうで、何個もリピートしています。インナートレーを上部に組み合わせることも。

夫の趣味は釣具屋通いでもある

玄関土間に上記のボックスと、手編みバスケット、それに引き出しを置いてすべてが夫の釣り道具。以前はジュートバッグを利用していましたが、より丈夫で洗えてしっかり自立するバスケットに変えました。大きくて重くて不定形な、リールなどを放り込むのにぴったり。バスケットごと車に積むこともできます。

•MUJI's items•

ポリプロピレン収納ボックス、ポリプロピレン小物ケース、
ポリプロピレン 梱包用バンド 手編みバスケット

見えているから探さない収納

ワンアクション片付けに

家族の衣類がすべて収まったウォークインクローゼットの中は、ワンアクション収納を心がけています。引き出しに入れれば開け閉めの手間が発生するけれど、ホルダーに放り込み式なら手を伸ばすだけのうえに床面も使いません。ここには私のインナーやカットソーが。過去には子どものパジャマ、夫の靴下を収めていたことも。

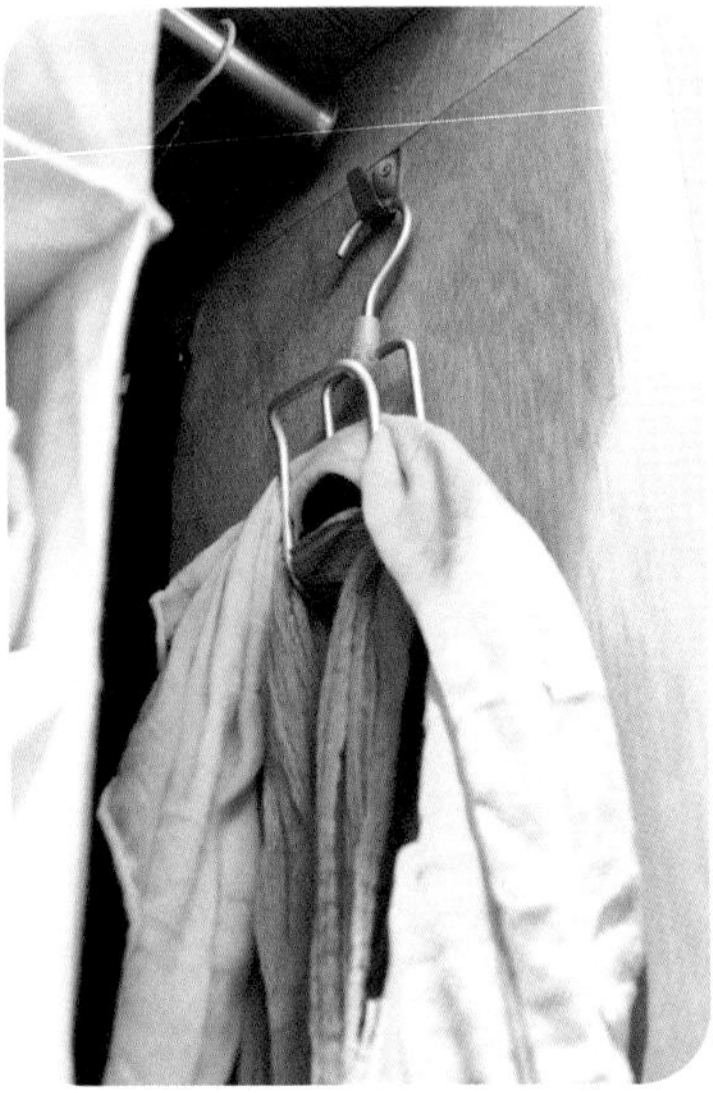

ホルダーなら見えるし、取りやすい

かけてあるものが一目瞭然なので、誰が見てもわかりやすく、そして取りやすい。ネクタイなら数本かけても、下からも引き抜くことができます。見えれば存在を忘れることなく、使う機会がちゃんと訪れる。クローゼットでネクタイとストール、玄関土間でマフラーをかけています。

•MUJI's items•

ポリエステル麻 小物ホルダー、
アルミハンガー・ネクタイ／スカーフ用

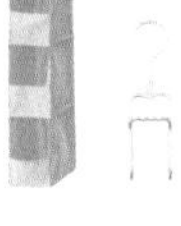

アイロン収納

マイバッグとして使われることの多いジュートバッグですが、活用法はさまざま。わがやではアイロンをかけるときに使うものをセットにしています。紙袋よりしっかりしていて、ちゃんと立つ。紐が丈夫で、持ちやすく吊るしやすい。資源ごみを出すときや、旅行で家族の上着をまとめておくときも便利です。

実は使える、ラック

収納ラックは重ねれば数段の棚になり、引出式のケースと組み合わせることも可能。単独でも伏せたり、立てたり、寝かせたりでいろいろなものの定位置を生み出します。

上・コンパクトプリンターの下に1段かませることで、トレイの置けるスペースを増設しました。用紙を入れているので補充が簡単です。
下・立てれば簡易的な本棚にも早変わり。半透明の軽い存在感で、どこにでも気軽に設置できます。ここで用がなくなったとしても、ほかの用途に回せる汎用性の高さが魅力。棚の中で仕切ったり、ものを立てたりするのにも。

•MUJI's items•

ジュート マイバッグ、
ポリプロピレン収納ラック

ほ

今小学生に戻って自由研究をやるなら、「無印良品の○○で何通りの使い方ができるか実験しよう」にしようと思います。

本多家の収納家具今昔

信者だから広めたい！ユニットシェルフ編

ユニットシェルフは「知り尽くしている」と言い切れる推し中の推し収納家具。場所が変わっても、入れるものを変えても、柔軟に合わせられるのがさすが。購入を検討する際には、セット買いかサイト内シミュレーターの使用がおすすめです。

① 団地時代

ランドリーラックとして

結婚して小さな団地に引っ越し、収納の一切ない脱衣所用に購入しました。「ランドリーセット」と銘打って売られていて買いやすかった。左脚が洗濯パン内に入っているのでアジャスターで左右の高さ調整ができるのもありがたい。玄関を入ると目の前に現れる位置で、品ある佇まいに助けられました。

② アパート時代

キッチンシェルフとして

引っ越して家が変わり、キッチンの細かいものを収める棚に役割を変えました。棚板を足し、サイドパネルをつけてマグネットフックで吊るし収納。上段につけた木製の追加小棚がいい仕事をしています。

③実家仮住まい時代

子どものワードローブとして

リノベ中は実家に居候。棚板を減らし、つっぱり棒をS字フックでさげて子どもたちのトップスを吊るしました。ハンギングホルダーにおむつを入れ、左右で兄弟を仕切っています。左には以前ダイニングの収納内に入れ込んでいたシェルフ。新居には可動棚がついているので、両方実家に置いてきました。

現居

ウォークイン内で使っていたものを新居でも収納内で

縦長の大容量空間を攻略するのに、ユニットシェルフはうってつけです。入れる場所が変わっても、「もっと高さがほしい↓柱（帆立）を買い変えればいい」「もっと幅を広げたい↓棚板を買い換えればいい」とパーツの変更で対応できます。ここには使用頻度の低いオフシーズンものや電子機器類が。

本多家の収納家具今昔

導入が簡単で見た目も抜群
スタッキングシェルフ編

実は最初「地べたにベタッと置く棚は……」と敬遠していたのですが、使ってみたら、「なんてできる人なの!?」となり、どんどん導入しています。ユニットシェルフが裏方ガッツリ収納なら、スタッキングシェルフは表で細かいものを担ってくれる収納。

① アパート時代・I

動線上に必要なものを集結

「2段」に「追加2段」を足して4マスに。リビング動線上に必要なものを集結させました。組み込んで使える「スタッキングチェスト」には体温計や子どもの靴下など、細かな日用品をスッキリしまえます。奥行きが薄いので動線を妨げず、部屋にもしっくりなじみました。

② アパート時代・II

キッズスペースでおもちゃを収納

子どもたちが広々遊べるスペースをつくり、スタッキングシェルフをおもちゃ棚に。赤ちゃんに触られたくないチェストは抜いて、天板の上にのせています。横に寝ているのはパルプボードボックス（販売終了）。

現居

新しい環境にもしっくり

新居でも、子どもの遊ぶリビングスペースで子どものおもちゃを入れて。木製の温かみが、新しい家にもしっくりなじんでいます。

低くして、サイドテーブルに

「追加2段」を取って、「2段」を寝かせています。ソファ横でサイドテーブルの役割も担い、窓もふさぎません。存在感は少なくても、収納はバッチリ。

ランドセル置き場として

長男の入学に伴い、学用品を収めたシェルフの近くに寄せました。ここにランドセルをのせておけば、明日の用意もその場で完了。重いので、背中から下ろしやすい高さであることが大切です。

うちの10年選手たち

当たり前の顔をして、わがやの生活に寄り添ってきてくれた小物たち。
どれも静かでつつましく、これぞ無印良品なデザインばかり。
きっと、次の10年も一緒にいることでしょう。

① 重なるベロアケース格子／縦　アクリルケース用…いろいろな引き出しに入れ込んできました。
② ステンレス バタースプレッダー…握りやすく、塗り広げやすい。
③ ナイロンターナー…しなりのよさが使いやすい。現行商品はスリットが入っていませんね。
④ ステンレス フォーク大／小、ステンレス スプーン大／小…わがやのカトラリーといえばこれ。
結婚したときに買って13年選手です。
⑤ ミニダブルリングノート…新婚時代につけていた手のひらサイズのレシピノート。（販売終了）
⑥ 硬質パルプボックス・フタ式…好きなシリーズでしたが廃番に。文房具のストックを入れて。（販売終了）

⑦ ポリプロピレンバインダー…クリアポケットに取扱説明書を保管しています。整理しやすい。
⑧ ポリプロピレンCD・DVDホルダー2段…数あったCDは一部カバーを処分してここに。後半にはDVDも。
⑨ 電卓…手のひらサイズのコンパクトさがちょうどよい。（販売終了）
⑩ スチール2穴パンチ…サイドゲージ付。最近は小学生の息子がよく使っています。
⑪ ステープラー…まっすぐなデザインが好き。ちょっと日焼けしていますね。
⑫ ポリエステルメッシュクッションケース…旅のさい、スマホの充電器を入れて。（販売終了）
⑬ ポリエステルメッシュクッションケース マチつき…20年以上前に購入。夫のバリカン入れとして。（販売終了）

おわりに

ここまで私の推し活にお付き合いいただき、どうもありがとうございました。全国各地、そして海外にまでも店舗がある無印良品だから、無印良品ユーザーはきっと多いはず。それでも、「こんなパーツがあるなんて知らなかった」「これも無印良品なんですか？」というような言葉をもらうたび、推し活心をくすぐられて、もっともっとその良さを広めたくなるのです。

もう何冊も一緒に本を作ってくださっている大和書房の小宮久美子さんに、「無印良品と365日、という本ならば、きっと情報と想いがあふれ出てくるはず」とお伝えすると、「良いですね！　本多さんのオタク部分を存分に出しましょう！」と大きな心で受け止め、制作にGOサインを出してくださいました。

そうして半年ほどかけて作ってきた本がまもなく出来上がろうという1月末、父が突然この世を去りました。心の整理が追い付かず、1週間本の作業はストップさせていただきましたが、何かをしていないと深く落ちてしまいそうで、私は気づくと家のあちこちに手を入れていました。

もうすぐ小学校にあがる次男のランドセル

が家に届いたため、スタッキングシェルフをもう一つ買い足しました。元からあるスタッキングシェルフを背中合わせで置いたら、兄弟それぞれのランドセル置き場や、学用品の収納ができそう。「ではシェルフの中はどんな仕組みにしたらいいかな？」こんなとき私の頭の中に設計図はありません。とにかく家にある収納用品を駆使して、いろいろなパターンを試してみるのです。

横にして使っていたスタッキングチェストを縦にすれば、その隣に教科書やノートを立てるスペースができるな。学校の授業プリントは引き出しにしまうルールだったけれど、ポリプロピレン収納ラックに変えればワンアクションでさらに入れやすいかも。

頭の中でこうかな？　ああかな？　と考えながら、実際に手を動かし実験を繰り返す時間。これが私にとって何より好きで没頭できる時間なのだということを、改めて強く感じました。

子育ても家事も仕事も、日々の暮らしはすべて実験です。やってみることでわかったことを次に活かしていく作業の連続。そして私の暮らしの実験は、やっぱり無印良品があってこそ。思想にブレがない無印良品の存在自体に夢中になり、好きな暮らしをとことん突き詰められたのだと思います。

父も好きなことにまっすぐで、「好き」がわかりやすい人でした。父との記憶の風景は、思い出すと心が温かくなるものばかりです。

どうか読んでくださったあなたの暮らしが、自らの手で選び取った「好き」であふれていますように。

これから使ってみたい無印良品のもの

みじん切りチョッパー

子どもの野菜嫌い対策にみじん切りが多いので使ってみたい。高評価もよく見かけます。

発酵導入美容液

発売すぐに欠品になるほど話題の商品。今年40歳、気になります。

Ag＋抗菌加工立ち座りしやすい風呂いす

立ち座りしやすそうな高さのあるいすに買い替えたい。お手入れもしやりそう。

お風呂で使える充電式頭皮ケアブラシ

どうやら頭皮が固いのでずっと気になっている。シャンプーしながらなら続きそう。

竹材 四つ目編み 持ち手付きかご 小

一目惚れ。いつも億劫なメイクも、これに用品をまとめれば取り掛かりやすくなるかな？

ステンレス ヒメフォーク

お茶菓子、フルーツなどに添えるカトラリーが欲しい。

木製デスク リノリウム天板 グレー

基本的には母のパソコンデスクとして。たまに息子の勉強机としても。

•MUJI's items wish list•

本多さおり　ほんだ さおり

生活重視ラク優先の整理収納コンサルタント。「もっと無駄なく、もっとたのしく」と、日々生活改善に余念がない。高校生で無印良品に出会って以来愛がとまらず、そのオタクっぷりがほとばしる推し活の1冊がここに完成した。
著書に『もっと知りたい無印良品の収納』(KADOKAWA)、『片付けたくなる部屋づくり』(ワニブックス)、『モノが私を助けてくれる』『あるものを活かして愛着のある部屋に育てる』(以上大和書房)など。最新刊に子連れ旅のノウハウを綴った『旅は暮らしの深呼吸』(集英社クリエイティブ)がある。本書のライターでもある矢島史氏とはじめたVoicy「暮らしの茶飲みラジオ」も好評。

オフィシャルウェブサイト…https://hondasaori.com/
インスタグラム…@ saori_honda

Staff
取材・執筆／矢島史
撮影／木村文平
ブックデザイン／仲島綾乃
校正／佐藤鈴木
編集／小宮久美子(大和書房)

＊写真提供
p150上段・林ひろし『モノは好き、でも身軽に生きたい。』より
p150下段・布施鮎美『赤ちゃんと暮らす』より
p151上段、152、153・著者撮影

無《む》印《じるし》良《りょう》品《ひん》と365日《にち》

2024年3月25日　第1刷発行
2024年4月25日　第2刷発行

著者　本多《ほんだ》さおり
発行者　佐藤 靖
発行所　大和《だいわ》書房
東京都文京区関口1-33-4
☎ 03-3203-4511
本文印刷　萩原印刷
カバー印刷　歩プロセス
製本　ナショナル製本

ISBN978-4-479-78601-6
乱丁・落丁本はお取替えします
http://www.daiwashobo.co.jp

＊本書に記載されている情報は2024年1月時点のものです。商品の仕様などについては変更になる場合があります。
＊本書に掲載されている収納方法、インテリアなどを実践いただく場合は、建物の構造や性質、商品の注意事項等をお確かめのうえ、安全性に十分留意し行ってください。